LANGENSCHEIDTS KURZGRAMMATIK FRANZÖSISCH

VON

DR. HERMANN WILLERS

LANGENSCHEIDT

BERLIN · MÜNCHEN · WIEN · ZÜRICH

Abkürzungen

etw.	etwas
f	weiblich
f/pl.	weibliche Mehrzahl
j-m	jemandem
j-n	jemanden
lat.	lateinisch
m	männlich
m/pl.	männliche Mehrzahl
q.	quelqu'un jemand
qch.	quelque chose etwas
>	verwandelt in, verschmolzen zu
<	entstanden oder zusammengesetzt aus

Auflage: 14. 13. 12. | *Letzte Zahlen*
Jahr: 1989 88 | *maßgeblich*

Druck: Druckhaus Langenscheidt, Berlin-Schöneberg
Printed in Germany · ISBN 3-468-35150-X

Inhaltsverzeichnis

Die grammatischen Fachausdrücke und ihre Verdeutschung

Adjektiv = Eigenschaftswort: das *braune* Kleid
Adverb = Umstandswort: er singt *laut*
Akkusativ = 4. Fall, Wenfall: Er pflückt den Apfel für *seinen Bruder*
Aktiv = Tätigkeitsform: Der Mann *schlägt* den Hund
Artikel = Geschlechtswort: der, die, das, ein, eine, ein
Dativ = 3. Fall, Wemfall: Die Frau kommt aus *dem Garten*
Deklination = Beugung des Hauptwortes
Demonstrativpronomen = hinweisendes Fürwort: dieser, jener
Futur = Zukunft(sform): Ich *werde fragen*
Genitiv = 2. Fall, Wesfall: Sie beraubten mich *meines Geldes*
Imperativ = Befehlsform: geh(e)!
Imperfekt = Vergangenheit(sform): Ich *ging*
Indikativ = Wirklichkeitsform: Er *geht* nicht sofort
Infinitiv = Nennform, Grundform: backen, biegen
Interrogativpronomen = Fragefürwort: wer, wessen, wem, wen
intransitiv(es Verb) = ohne Ergänzung im Akkusativ: Der Hund bellt
Konditional = Bedingungsform: Wenn schönes Wetter wäre, *würden* wir *ausgehen*
Konjugation = Beugung des Zeitwortes
Konjunktiv = Möglichkeitsform: Frau Schmidt dachte, ihr Mann *sei* im Büro
Nominativ = 1. Fall: *Der Mann* kauft ein Buch
Objekt = Satzergänzung: Der Mann schlägt *den Hund*
Partizip = Mittelwort: gebacken
Passiv = Leideform: Der Hund *wird* von dem Mann *geschlagen*
Personalpronomen = persönliches Fürwort: er, sie, wir
Plural = Mehrzahl: Kirschen
Plusquamperfekt = Vorvergangenheit: Ich *hatte* das Buch gelesen
Possessivpronomen = besitzanzeigendes Fürwort: mein, dein, euer
Prädikat = Satzaussage: Die Frau *bäckt* einen Kuchen
Präsens = Gegenwart: ich *gehe*
Pronomen = Fürwort: er, sie, es
reflexiv = rückbezüglich: er wäscht *sich*
Reflexivpronomen = rückbezügliches Fürwort
Relativpronomen = bezügliches Fürwort: Wo ist das Buch, *das* ich gekauft habe?
Singular = Einzahl: Tisch
Subjekt = Satzgegenstand: *Das Kind* spielt mit der Katze
Substantiv = Hauptwort: der *Tisch*
transitiv(es Verb) = mit Ergänzung im Akkusativ: Ich begrüße einen Freund
Verb(um) = Zeitwort: gehen, kommen

I. Der Artikel (Geschlechtswort)

1. Der bestimmte Artikel

männlich (*m*)	
Singular	*Plural*
le livre *das Buch*	**les** livres
l'étage *das Stockwerk*	**les** étages

weiblich (*f*)	
la rue *die Straße*	**les** rues
l'industrie *die Industrie*	**les** industries

Bemerkung:
Der bestimmte Artikel lautet im Singular männlich **le**, weiblich **la**, im Plural für beide Geschlechter **les**. Vor Vokalen und stummem h werden **le** und **la** zu **l'** verkürzt.

2. Der unbestimmte Artikel

männlich	weiblich
un livre *ein Buch*	**une** rue *eine Straße*

3. Der Teilungsartikel

Singular **männlich**	**weiblich**	*Plural* **männlich**	**weiblich**
du pain *Brot* de l'argent *Geld*	de la viande *Fleisch* de l'eau *Wasser*	des vins *Weine* des oiseaux *Vögel*	des pommes *Äpfel* des éponges *Schwämme*

Bemerkungen:
Der aus der Präposition **de** und dem bestimmten Artikel zusammengesetzte Teilungsartikel dient zur Bezeichnung einer unbestimmten Menge. Während **le** pain ein bestimmtes Brot, **un** pain dagegen eine unbestimmte Einheit bezeichnet, bedeutet **du** pain eine beliebige, unbestimmte Menge Brot.

Nicht gesetzt wird der Teilungsartikel

1. nach den Präpositionen **de** und **en** (couvert de poussière *staubbedeckt*; en bois *aus Holz*);

2. nach den Präpositionen **avec, par** in feststehenden Redewendungen und **sans**, sofern die Wendung adverbialen Sinn hat (avec courage *mutig*; par cœur *auswendig*; sans doute *zweifellos*);

3. vor **unbestimmten Zahladverbien** wie certains, différents, divers, plusieurs, quelques (certains amis *gewisse Freunde*; différents groupes *verschiedene Gruppen*; diverses tentatives *mannigfache Versuche*; plusieurs villes *mehrere Städte*; quelques questions *einige Fragen*);

4. bei **Aufzählungen** (Qu'y a-t-il pour votre service? Cerises, fraises, abricots, pêches? *Womit kann ich Ihnen dienen? Kirschen, Erdbeeren, Aprikosen, Pfirsiche?*);

5. in **Redewendungen** (Gallizismen) wie avoir faim (soif, envie, peur, raison, tort) *Hunger (Durst, Lust, Angst, recht, unrecht) haben,* demander pardon *um Verzeihung bitten,* faire plaisir *Spaß machen,* faire attention *achtgeben,* perdre courage *den Mut verlieren,* porter bonheur *Glück bringen,* rendre compte *Rechenschaft ablegen,* prêter serment *einen Eid leisten* u. a.

Nur de ohne Artikel steht

1. nach Ausdrücken, die eine **Menge** oder ein **Maß** angeben wie beaucoup, peu, plus, moins, assez, trop, quelque chose, un groupe, un kilo, un verre (beaucoup d'hommes *viele Menschen,* assez d'argent *genügend Geld,* un groupe de touristes *eine Gruppe Touristen,* un verre de vin *ein Glas Wein*) — ausgenommen bien *sehr viel* und la plupart *die meisten,* denen de mit dem Artikel folgt (bien des Français *sehr viele Franzosen,* la plupart des Allemands *die meisten Deutschen*);

2. in verneinten Sätzen nach pas, point und plus (il n'a pas d'argent *er hat kein Geld*; elle ne boit pas de vin *sie trinkt keinen Wein*; nous n'avons plus d'amis *wir haben keine Freunde mehr*) — ausgenommen verneintes être, das den vollen Teilungsartikel verlangt (ces messieurs ne sont pas des Français *diese Herren sind keine Franzosen*);

3. bei **Substantiven im Plural**, denen ein Adjektiv vorangeht (de grandes difficultés *große Schwierigkeiten*).

4. Gebrauch des bestimmten und unbestimmten Artikels

Abweichend vom Deutschen **fehlt** der bestimmte Artikel:

1. vor **Monatsnamen** (janvier est le premier mois de l'année *der Januar ist der erste Monat des Jahres*);

2. vor **Wohnungsangaben** (il demeure rue Victor Hugo *er wohnt in der Victor-Hugo-Straße*);

3. vor **saint** (Saint-Jean *der heilige Johannes*);

4. bei **Appositionen** (Bruxelles, capitale de la Belgique *Brüssel, die Hauptstadt Belgiens*);

5. häufig nach **en** (en été *im Sommer*; en juin *im Juni*);

6. in **Redewendungen** (Gallizismen) wie perdre courage *den Mut verlieren*, être d'avis *der Meinung sein*, tirer d'embarras *aus der Verlegenheit helfen*, avoir les pieds sur terre *mit beiden Beinen auf der Erde stehen*, tomber par terre *auf die Erde fallen* u. a.

Abweichend vom Deutschen **steht** der bestimmte Artikel:

1. vor **Stoffnamen** und **Abstrakten** (l'or et l'argent sont des métaux *Gold und Silber sind Metalle*; l'union fait la force *Einigkeit macht stark*);

2. vor den Namen der **Himmelsrichtungen** (vers le sud *nach Süden*);

3. vor den Namen der **Wochentage** und **Tageszeiten**, wenn es sich um regelmäßige Wiederkehr handelt (le lundi *montags*; le soir *abends*);

4. vor den Namen der **kirchlichen Feste** mit Ausnahme von Pâques *Ostern* und Noël *Weihnachten* (à la Pentecôte *zu Pfingsten*);

5. vor den Namen von **Erdteilen**, **Ländern** und großen **Inseln** (l'Asie *Asien*; la France *Frankreich*; la Corse *Korsika*), außer nach «en» *in* (en France *in Frankreich*, aber: au Canada *in Kanada*) und «de» *von, aus* zur Bezeichnung von Herkunft, Titeln und Erzeugnissen (je viens d'Italie *ich komme aus Italien*; le roi de Suède *der König von Schweden*; les vins de France *die Weine aus Frankreich*);

6. vor einigen **Städtenamen**, bei denen der Artikel zum Namen gehört, wie la Haye *Den Haag*, le Caire *Kairo*, le Havre, la Rochelle, le Mans;

7. vor **Personennamen** im Singular, denen ein Titel vorangeht (le professeur Dubois *Professor Dubois*; le maréchal Ney *Marschall Ney*);

8. in **Redewendungen** (Gallizismen) wie avoir les yeux bleus *blaue Augen haben*, avoir le temps *Zeit haben*, avoir le téléphone *Telefon haben*, avoir les pleins pouvoirs *Vollmacht haben*, perdre le temps *Zeit verlieren*, garder le silence *Stillschweigen bewahren*, faire la paix *Frieden schließen*, demander l'aumône *betteln*, savoir le français *Französisch können*, vers le matin *gegen Morgen*, l'année prochaine *nächstes Jahr*, souhaiter la bienvenue *willkommen heißen*, le fait est que ... *Tatsache ist, daß* ...

Der Gebrauch des **unbestimmten** Artikels erfolgt im allgemeinen wie im Deutschen. Abweichend **steht** er in **Redewendungen** wie d'un ton sévère *in strengem Ton*, d'une voix faible *mit schwacher Stimme*, avec une extrême prudence *mit äußerster Vorsicht* u. a.

II. Das Substantiv (Hauptwort)

1. Geschlecht

a) Geschlechtsbestimmung nach der Bedeutung

Männlich sind die Namen der **Jahreszeiten** (un automne très beau *ein sehr schöner Herbst*), **Monate** (cette année, juillet a été extrêmement chaud *in diesem Jahr war der Juli äußerst heiß*), **Wochentage** (travaillez-vous le samedi? *arbeiten Sie sonnabends?*), **Himmelsrichtungen** (vers le sud *nach Süden*), **Bäume** (un vieux chêne *eine alte Eiche*), **Metalle** (l'or précieux *das edle Gold*) und **chemischen Elemente** (l'uranium fut découvert en 1789 *das Uran wurde 1789 entdeckt*).

Weiblich sind meist die **Ländernamen auf -e** (la France *Frankreich*) und die französischen **Flußnamen auf -e** (la Seine *die Seine* — aber: **le** Rhône *die Rhone*).

b) Geschlechtsbestimmung nach der Endung

Männlich sind die Substantive mit folgenden Endungen:

-age (le voyage *die Reise*)
-ège (le cortège *das Gefolge*)
-eau (le bateau *das Schiff*)
-ail (le travail *die Arbeit*)
-al (le capital *das Kapital*)
-ent (l'argent *das Geld*)
-ment (le monument *das Denkmal*)
-et (le gilet *die Weste*)
-ier (le panier *der Korb*)
-isme (l'organisme *der Organismus*)
-oir (le miroir *der Spiegel*)
-on (le jeton *die Spielmarke*)

Weiblich sind die Substantive mit folgenden Endungen:

-ade (la bourgade *der Marktflecken*)
-ance (l'aisance *die Wohlhabenheit*)
-ence (l'essence *der Treibstoff, das Benzin*)
-aison (la comparaison *der Vergleich*)
-aille (la bataille *die Schlacht*)
-aine (une trentaine *etwa 30 Stück*)
-elle (la bagatelle *die Kleinigkeit*)
-esse (la finesse *die Feinheit*)
-ette (la maisonnette *das Häuschen*)
-eur (la douleur *der Schmerz*)
-ise (la sottise *die Dummheit*)
-çon (la leçon *die Lehrstunde*)
-son (la maison *das Haus*)
-ion (la nation *das Volk*)
-té (la liberté *die Freiheit*)
-tié (l'amitié *die Freundschaft*)
-tie (la partie *der Teil*)

Ausnahmen:

-age als *Stamm,* nicht als *Endung* liegt vor in den Wörtern la cage *der Käfig,* une image *ein Bild,* la nage *das Schwimmen,* la page *die Seite,* la plage *der Strand,* la rage *die Wut.* Dieselbe Erklärung gilt entsprechend für l'eau (*f*) *das Wasser,* la peau *die Haut* und la dent *der Zahn.*

Männliche Substantive auf **-eur**, die keine Personen, sondern abstrakte Begriffe bezeichnen, und auf **-té:** l'honneur (*m*) *die Ehre,* le labeur *die Mühe,* le bonheur *das Glück,* le malheur *das Unglück*; le côté *die Seite,* l'été (*m*) *der Sommer,* le traité *der Vertrag.*

c) Substantive mit zweierlei Geschlecht und verschiedener Bedeutung

le garde	*der Wächter*	**la** garde	*die Wache*
le livre	*das Buch*	**la** livre	*das Pfund*
le manche	*der Stiel*	**la** manche	*der Ärmel*
le mémoire	*die Denkschrift*	**la** mémoire	*das Gedächtnis*
le merci	*der Dank*	**la** merci	*die Gnade*
le mode	*die Art und Weise*	**la** mode	*die Mode*
le poêle	*der Ofen*	**la** poêle	*die Bratpfanne*
le tour	*die Umdrehung*	**la** tour	*der Turm*
le vapeur	*der Dampfer*	**la** vapeur	*der Dampf*
le vase	*das Gefäß*	**la** vase	*der Schlamm*
le voile	*der Schleier*	**la** voile	*das Segel*

d) Besonderheiten

Männlich oder weiblich ist après-midi *Nachmittag*. Les gens *die Leute* wird nur im Plural und als Maskulinum gebraucht, wenn es ohne nähere Bestimmung steht; in Verbindung mit Adjektiven ist folgendes zu beachten: stehen die Adjektive **vor** gens, sind sie weiblich (les vieilles gens *die alten Leute*), stehen sie dagegen **hinter** gens, sind sie männlich (des gens assidus *fleißige Leute*).

2. Pluralbildung

a) regelmäßig mit -s: le livre *das Buch* — les livres *die Bücher* (auf s, x oder z endende Wörter bleiben unverändert: les mois *die Monate*, les voix *die Stimmen*, les nez *die Nasen*)

b) unregelmäßig mit -x:
le table**au** *das Gemälde* — les table**aux**
le chev**eu** *das Haar* — les chev**eux**
[Ausnahme: le pneu *der Reifen* — les pneu**s**]
le v**œu** *das Gelübde* — les v**œux**
le bij**ou** *das Kleinod* — les bij**oux**
[Ausnahmen: le(s) clou(**s**) *der Nagel*, le(s) cou(**s**) *der Hals*,
le(s) fou(**s**) *der Narr*, le(s) trou(**s**) *das Loch*]
le chev**al** *das Pferd* — les chev**aux**
[Ausnahmen: le(s) bal(**s**) *der Ball*, le(s) festival(**s**) *das Festspiel*]
le trav**ail** *die Arbeit* — les trav**aux**
[Ausnahmen: le(s) détail(**s**) *die Einzelheit*, le(s) rail(**s**) *die Schiene*,
le(s) portail(**s**) *das Portal*]

c) die zusammengesetzten Substantive:
ohne Bindestrich: le passeport *der Paß* — les passeport**s**
[Ausnahmen: monsieur (*mein*) *Herr* — **messieurs**
madame (*gnädige*) *Frau* — **mesdames**]
mit Bindestrich: le chou-fleur *der Blumenkohl* — les chou**x**-fleur**s**
(**Substantiv + Substantiv:** beide Teile erhalten Pluralzeichen)
[Ausnahmen: le chef-d'œuvre *das Meisterwerk* — les chef**s**-d'œuvre
le timbre-poste *die Briefmarke* — les timbre**s**-poste]

le coffre-fort *der Geldschrank* — les coffres-forts
(**Substantiv + Adjektiv:** beide Teile erhalten Pluralzeichen)
le grand-père *der Großvater* — les grands-pères
(**Adjektiv + Substantiv:** beide Teile erhalten Pluralzeichen)
le sourd-muet *der Taubstumme* — les sourds-muets
(**Adjektiv + Adjektiv:** beide Teile erhalten Pluralzeichen)
le gratte-ciel *der Wolkenkratzer* — les gratte-ciel
(**Verb + Substantiv:** beide Teile ohne Pluralzeichen)
[Ausnahmen: le cure-dent *der Zahnstocher* — les cure-dents
le tire-bouchon *der Korkenzieher* — les tire-bouchons]
le laissez-passer *der Passierschein* — les laissez-passer
(**Verb + Verb:** beide Teile ohne Pluralzeichen)
le passe-partout *der Nachschlüssel* — les passe-partout
(**Verb + Adverb:** beide Teile ohne Pluralzeichen)
le haut-parleur *der Lautsprecher* — les haut-parleurs
(**Adverb + Substantiv:** nur das Substantiv erhält Pluralzeichen)

3. Deklination

Im Gegensatz zum Deutschen, das eine Beugung des Substantivs in den vier Fällen kennt, ist dem Französischen der Begriff „Deklination" des Substantivs wesensfremd. Nominativ und Akkusativ sind der Form nach gleich und sind lediglich an ihrer Stellung innerhalb des Satzes zu erkennen: der Nominativ steht *vor*, der Akkusativ *hinter* dem Verb. Der Genitiv wird durch Vorsetzen der Präposition **de**, der Dativ durch Vorsetzen der Präposition **à** gebildet, wobei *de + le* > **du**, *à + le* > **au**, *de + les* > **des** und *à + les* > **aux** verschmelzen. Das Substantiv selbst bleibt — abgesehen vom Pluralzeichen — unverändert.

Singular		*Plural*	
männlich	**weiblich**	**männlich**	**weiblich**
le livre **du** livre **au** livre le livre	la rue de la rue à la rue la rue	les livres **des** livres **aux** livres les livres	les rues **des** rues **aux** rues les rues
l'étage de l'étage à l'étage l'étage	l'industrie de l'industrie à l'industrie l'industrie	les étages **des** étages **aux** étages les étages	les industries **des** industries **aux** industries les industries

III. Das Adjektiv (Eigenschaftswort)

1. Geschlecht

Die weibliche Form wird durch Anfügung eines **-e** an die männliche Form gebildet:

grand *groß* — grande

Auf -e endende Adjektive haben keine besondere Form für das Femininum:

utile *nützlich* — utile

Besonderheiten in der Bildung der weiblichen Form weisen Adjektive mit folgenden Wortausgängen auf:

el > elle (actuel *gegenwärtig* — actuelle)
eil > eille (pareil *ähnlich* — pareille)
en > enne (ancien *alt* — ancienne)

et > ette (muet *stumm* — muette)
[Ausnahmen: complet *vollständig* — complète
concret *anschaulich* — concrète
discret *verschwiegen* — discrète
inquiet *unruhig* — inquiète
secret *geheim* — secrète]

on > onne (bon *gut* — bonne)
er > ère (entier *ganz* — entière)

eur > euse (flatteur *schmeichelhaft* — flatteuse: von Verben abgeleitete Adjektive)
[Ausnahmen: supérieur *überlegen* — supérieure: von lateinischen Komparativen abgeleitete Adjektive wie extérieur *äußerer*, intérieur *innerer*, antérieur *früher*, postérieur *später*, majeur *größer*, mineur *kleiner*, meilleur *besser*, inférieur *geringer*]

c > que (public *öffentlich* — publique)
[Ausnahmen: blanc *weiß* — blanche
franc *frei* — franche
grec *griechisch* — grecque
sec *trocken* — sèche]

f > ve (actif *tätig* — active)
g > gue (long *lang* — longue)

x > se (heureux *glücklich* — heureuse)
[Ausnahmen: faux *falsch* — fausse
doux *süß* — douce
roux *rothaarig* — rousse]

Verdoppelt werden die Endkonsonanten folgender Adjektive:

gentil *liebenswürdig* — gentille
paysan *ländlich* — paysanne
sot *dumm* — sotte
bas *niedrig* — basse
las *müde* — lasse
gras *fett* — grasse
gros *dick* — grosse
épais *dicht* — épaisse
exprès *ausdrücklich* — expresse

Unregelmäßig bilden die weibliche Form folgende Adjektive:

aigu *spitz* — aiguë
contigu *angrenzend* — contiguë

ambigu	*zweideutig*	— ambiguë
favori	*beliebt*	— favori**te**
bén**in**	*gütig*	— bén**igne**
mal**in**	*böse*	— mal**igne**
mo**teur**	*treibend*	— mo**trice**
péch**eur**	*sündig*	— péch**eresse**
enchant**eur**	*bezaubernd*	— enchant**eresse**
frais	*frisch*	— fraî**che**

Eine zweite männliche Form haben folgende Adjektive:

un **beau** tableau	*ein schönes Gemälde*
un **bel** arbre	*ein schöner Baum*
une **belle** maison	*ein schönes Haus*
un **vieux** jardin	*ein alter Garten*
un **vieil** ami	*ein alter Freund*
une **vieille** femme	*eine alte Frau*
un **nouveau** gérant	*ein neuer Geschäftsführer*
un **nouvel** impôt	*eine neue Steuer*
une **nouvelle** lecture	*ein neues Lesestück*

Ebenso: fou *toll* — fol (vor Vokal und stummem h) — folle
mou *weich* — mol (vor Vokal und stummem h) — molle

2. Pluralbildung

Für die Pluralbildung der Adjektive gelten die gleichen Regeln wie für die Pluralbildung der Substantive:

une grand**e** ville	*eine Großstadt*
de grand**es** villes	*Großstädte*

An Besonderheiten sind zu merken:
1. bleu *blau* bildet bleus, fou *toll* fous, mou *weich* mous;
2. Folgende auf **-al** endende Adjektive bilden den Plural auf **-als**: banal *alltäglich* ban**als**, fatal *verhängnisvoll* fat**als**, final *endlich* fin**als**, natal *heimatlich* nat**als**, naval *auf die Schiffahrt bezüglich* nav**als**;
3. Auf **-als** oder — heute meistens — auf **-aux** enden die Adjektive frugal *mäßig*, glacial *eisig*, idéal *vollkommen*, matinal *morgendlich*.

3. Übereinstimmung mit dem Substantiv

Das Adjektiv stimmt mit seinem Beziehungswort in Geschlecht und Zahl überein: une grande fenêtre *ein großes Fenster* — la fenêtre est grande *das Fenster ist groß.*

Bezieht sich ein Adjektiv auf mehrere Substantive *gleichen* Geschlechts, so steht es im Plural und richtet sich nach dem gemeinsamen Geschlecht der Substantive:
une robe et une jupe neu**ves** *ein neues Kleid und ein neuer Rock.*
Bezieht sich ein Adjektiv auf mehrere Substantive *verschiedenen* Geschlechts, so steht es im Plural des Maskulinums:
une robe et un chapeau blancs *ein weißes Kleid und ein weißer Hut.*

Vor dem Substantiv unveränderlich, *nach* dem Substantiv zu verändern sind ci-inclus und ci-joint *anbei*, excepté *ausgenommen*, y compris *mit einbegriffen*: nous vous envoyons ci-joint les documents (*od.* les documents ci-joints) *anbei übersenden wir Ihnen die Unterlagen.*

Unverändert bleiben

als Farbadjektive verwandte Substantive (des robes orange *orangefarbene Kleider*);

zusammengesetzte Farbadjektive (une robe bleu foncé *ein dunkelblaues Kleid*);

grand in festen Verbindungen wie grand-mère *Großmutter*, grand-route *Landstraße*, grand-rue *Hauptstraße*, grand-messe *Hochamt*; demi und nu vor Substantiven (une demi-heure *eine halbe Stunde*, nu-pieds *barfuß*).

4. Stellung

a) Nachstellung

Adjektive, die ein *unterscheidendes* Merkmal bezeichnen, auf denen somit ein besonderer *Nachdruck* liegt, stehen **nach** dem Substantiv:

l'économie française *die französische Wirtschaft* **(staatliche Zugehörigkeit)**
le parti socialiste *die sozialistische Partei* **(politische Zugehörigkeit)**
la religion catholique *die katholische Religion* **(Konfession)**
la robe rouge *das rote Kleid* **(Farbe)**
la table ovale *der ovale Tisch* **(Form)**
Les Mains sales (Sartre) *Die schmutzigen Hände* **(körperliche Eigenschaft)**

Nachgestellt werden ferner adjektivisch gebrauchte Partizipien (une attitude affligée *eine betrübte Haltung*), mehrsilbige bzw. durch Zusätze erweiterte Adjektive (des prix exceptionnels *außergewöhnliche Preise*, une pièce digne d'être vue *ein sehenswertes Stück*) und entier *ganz* (le monde entier *die ganze Welt*).

b) Voranstellung

Folgende (durchweg gefühlsbetonte!) Adjektive werden vorangestellt:

grand: un grand philosophe	*ein großer Philosoph*
petit: une petite maison	*ein kleines Haus*
bon: un bon livre	*ein gutes Buch*
mauvais: une mauvaise habitude	*eine schlechte Angewohnheit*
jeune: un jeune avocat	*ein junger Anwalt*
vieux: un vieux médecin	*ein alter Arzt*
long: un long séjour	*ein langer Aufenthalt*
bref: un bref discours	*eine kurze Ansprache*
cher: mon cher ami	*mein lieber Freund*
joli: une jolie jeune fille	*ein hübsches Mädchen*
beau: un beau paysage	*eine schöne Landschaft*
digne: un digne représentant	*ein würdiger Vertreter*
gros: un gros industriel	*ein Großindustrieller*
haut: la haute considération	*die Hochachtung*
sot: une sotte réponse	*eine törichte Antwort*

c) Adjektive mit wechselnder Bedeutung

un nouveau vin	le vin nouveau
eine neue Weinsorte	*der neue (diesjährige) Wein*
la dernière année	l'année dernière
das letzte Jahr (des Krieges)	*das vorige Jahr*
un honnête homme	un homme honnête
ein anständiger Mensch	*ein ehrlicher Mensch*
un pauvre homme	un homme pauvre
ein bedauernswerter Mensch	*ein mittelloser Mann*
un cher souvenir	des installations chères
eine liebe Erinnerung	*kostspielige Anlagen*
un ancien couvent	un couvent ancien
ein ehemaliges Kloster	*ein altes Kloster*
différentes chambres	des chambres différentes
verschiedene (einige) Zimmer	*verschiedenartige Zimmer*
de braves gens	une femme brave
ordentliche Leute	*eine tapfere Frau*
certaines indications	des indications certaines
gewisse (irgendwelche) Hinweise	*sichere Hinweise*
de propres terres	des mains propres
eigene Besitzungen	*saubere Hände*

5. Steigerung

a) Die regelmäßige Steigerung

Der **Komparativ** wird durch Vorsetzen von **plus** *mehr*, der **Superlativ** durch Vorsetzen des bestimmten Artikels vor den Komparativ gebildet:

grand *groß* — **plus** grand *größer* — **le plus** grand *am größten, der größte.*

Beim Superlativ ist der **absolute** Superlativ, der den höchsten Grad der Steigerung ausdrückt, vom **relativen** Superlativ, der vergleichsweise einen sehr hohen Grad bezeichnet, zu unterscheiden:
la plus grande joie *die größte Freude* (absolut)
une très grande joie *eine sehr große Freude* (relativ)

Steht der absolute Superlativ hinter dem Hauptwort, so ist der Artikel (nicht die Präposition) zu wiederholen:

le livre **le plus** intéressant *das interessanteste Buch*; le contenu du livre **le plus** intéressant *der Inhalt des interessantesten Buches.*

„*als*" nach dem Komparativ heißt **que:**

il est plus intelligent que son frère *er ist klüger als sein Bruder.*

[Ausnahmen: antérieur **à** *früher als*
postérieur **à** *später als*
supérieur **à** *höher als*
inférieur **à** *niedriger als*]

„*als*“ vor Zahlbegriffen lautet **de**: plus (moins) de cent personnes *mehr (weniger) als 100 Personen.*
„*immer*“ vor dem Komparativ heißt **de plus en plus**:
il devient de plus en plus insolent *er wird immer unverschämter.*

b) Die unregelmäßige Steigerung

Auf lateinischen Komparativformen beruhen
bon *gut* — **meilleur** *besser* — **le meilleur** *am besten, der beste*
mauvais *schlimm* — **pire** *schlimmer* — **le pire** *am schlimmsten, der schlimmste*
petit *gering* — **moindre** *geringer* — **le moindre** *am geringsten, der geringste.*
Man beachte besonders: **mauvais** und **petit** werden regelmäßig, d.h. durch Vorsetzen von **plus** und **le plus** gesteigert, wenn sie in ihrer Grundbedeutung (*schlecht* bzw. *klein*) gebraucht werden:

le plus mauvais projet	*der schlechteste Entwurf*
la plus petite chambre	*das kleinste Zimmer*

c) Keine Steigerungsformen
weisen entsprechend ihrer Bedeutung die folgenden Adjektive auf:
aîné *älter*, cadet *jünger*, suprême *höchst*, extrême *äußerst*, infime *unterst*, dernier *letzt*, principal *hauptsächlich*, prochain *nächst*, unique *einzig.*

IV. Das Adverb (Umstandswort)

1. Bildung

Die Adverbien dienen zur näheren Bestimmung eines Verbs, eines Adjektivs oder eines anderen Adverbs. Sie gliedern sich in **ursprüngliche Adverbien,** die auf eine lateinische Form zurückgehen (bien < bene) bzw. erst im Französischen zu einheitlichen Adverbien wurden (jamais < iam + magis) und in **abgeleitete Adverbien,** die gebildet werden, indem an die weibliche Form des Adjektivs die Endung **-ment** angehängt wird:

heureux *glücklich* — heureuse — heureuse**ment**

Auf -e endende Adjektive hängen nur **-ment** an:

utile *nützlich* — utile**ment**

Besonderheiten in der Bildung der abgeleiteten Adverbien liegen in folgenden Fällen vor:

a) Auf betonten Vokal endende Adjektive verlieren vor -ment das e der weiblichen Form:

vrai *wahr* — vraie — vrai**ment**

oder ersetzen es durch den accent circonflexe:

dû *gebührend* — due — **dûment**

b) Auf -ant und -ent endende Adjektive bilden Adverbien auf **-amment** und **-emment**:

const**ant** *beständig* — const**amment**
prud**ent** *klug* — prud**emment**

[Ausnahmen: lent *langsam* — lentement
présent *gegenwärtig* — présentement
véhément *heftig* — véhémentement]

c) Einige auf -e endende Adjektive verwandeln -e in **é**:
commode *bequem* — commod**ément**
conforme *gemäß* — conform**ément**
énorme *unermeßlich* — énorm**ément**
immense *ungeheuer* — immens**ément**

Ebenfalls hierher gehören:
commun *gemeinsam* — commune — commun**ément**
confus *verwirrt* — confuse — confus**ément**
obscur *dunkel* — obscure — obscur**ément**
profond *tief* — profonde — profond**ément**
précis *genau* — précise — précis**ément**
exprès *ausdrücklich* — expresse — express**ément**
impuni *unbestraft* — impunie — impun**ément**

d) Zu bon *gut* lautet das Adverb **bien**, zu mauvais *schlecht* **mal**, zu gentil *nett* **gentiment.**

2. Steigerung

Wie das Adjektiv, so wird auch das Adverb durch **plus** und **le plus** gesteigert:

lentement *langsam* — **plus** lentement
le plus lentement

Auf lateinischen adverbialen Komparativformen beruhen
bien *gut* — **mieux** *besser* — **le mieux** *am besten*
mal *schlimm* — **pis** *schlimmer* — **le pis** *am schlimmsten*
beaucoup *viel* — **plus** *mehr* — **le plus** *am meisten*
peu *wenig* — **moins** *weniger* — **le moins** *am wenigsten*

Man beachte besonders: **mal** wird regelmäßig, d.h. durch Vorsetzen von **plus** und **le plus,** gesteigert, wenn es in seiner Grundbedeutung „*schlecht*" gebraucht wird:
Jean écrit plus mal que sa sœur *Jean schreibt schlechter als seine Schwester.*

„*immer*" vor dem adverbialen Komparativ wird wie folgt wiedergegeben:
de mieux en mieux *immer besser*
de mal en pis *immer schlimmer*
de plus en plus *immer mehr*
de moins en moins *immer weniger*

3. Gebrauch

Das Adverb (lat. ad verbum *zum Verb*) bezieht sich in den meisten Fällen auf ein Verb:
il nous a salués **cordialement** *er hat uns herzlich begrüßt* (wie hat er uns begrüßt?)

An Besonderheiten beachte man:

a) In einigen festen Redewendungen wird das Adjektiv in adverbialem Sinn gebraucht:

parler haut (bas) *laut* (*leise*) *sprechen*
voler haut (bas) *hoch* (*niedrig*) *fliegen*
chanter juste (faux) *richtig* (*falsch*) *singen*
acheter (vendre) cher *teuer kaufen* (*verkaufen*)
sentir bon (mauvais) *gut* (*schlecht*) *riechen*
voir clair *klar sehen*
travailler ferme *tüchtig arbeiten*

b) Soll nicht die Art und Weise der Handlung, d.h. das Verb, sondern das Subjekt des Satzes, d.h. sein Zustand, näher erläutert werden, so wird statt des Adverbs ein prädikatives Adjektiv verwendet: le père vit heureux et content *der Vater lebt glücklich und zufrieden.*

c) Häufig werden die Formen auf -ment durch Umschreibungen wie d'une manière + Adjektiv, avec + Substantiv ersetzt:

statt précisément: d'une manière précise
statt impatiemment: avec impatience.

d) In einigen Fällen wird das Adverb durch ein Verb umschrieben:

aimer faire qch. *gern etwas tun*
ne pas tarder à faire qch. *bald etwas tun*
manquer de (*od.* faillir) faire qch. *beinahe etwas tun*
commencer (finir) faire qch. *am Anfang* (*schließlich*) *etwas tun*
venir de faire qch. *soeben etwas getan haben*
venir à faire qch. *zufällig etwas tun*
avoir beau faire qch. *vergeblich etwas tun*

V. Das Verb (Zeitwort)

1. Die Konjugation des Verbs

a) avoir und être

Indikativ (indicatif)

Präsens (présent)

j'ai *ich habe*	je suis *ich bin*
tu as	tu es
il (elle) a	il (elle) est
nous avons	nous sommes
vous avez	vous êtes
ils (elles) ont	ils (elles) sont

Imperfekt (imparfait)

j'avais *ich hatte*	j'étais *ich war*
tu avais	tu étais
il avait	il était
nous avions	nous étions
vous aviez	vous étiez
ils avaient	ils étaient

Historisches Perfekt (passé simple)

j'eus *ich hatte, ich bekam*
tu eus
il eut
nous eûmes
vous eûtes
ils eurent

je fus *ich war, ich wurde*
tu fus
il fut
nous fûmes
vous fûtes
ils furent

Futur I (futur)

j'aurai *ich werde haben*
tu auras
il aura
nous aurons
vous aurez
ils auront

je serai *ich werde sein*
tu seras
il sera
nous serons
vous serez
ils seront

Konditional I (conditionnel présent)

j'aurais *ich würde haben*
tu aurais
il aurait
nous aurions
vous auriez
ils auraient

je serais *ich würde sein*
tu serais
il serait
nous serions
vous seriez
ils seraient

Perfekt (passé composé)

j'ai eu *ich habe gehabt*
tu as eu
il a eu
nous avons eu
vous avez eu
ils ont eu

j'ai été *ich bin gewesen*
tu as été
il a été
nous avons été
vous avez été
ils ont été

Plusquamperfekt I (plus-que-parfait)

j'avais eu *ich hatte gehabt*
tu avais eu
il avait eu
nous avions eu
vous aviez eu
ils avaient eu

j'avais été *ich war gewesen*
tu avais été
il avait été
nous avions été
vous aviez été
ils avaient été

Plusquamperfekt II (passé antérieur)

j'eus eu *ich hatte gehabt*
tu eus eu
il eut eu
nous eûmes eu
vous eûtes eu
ils eurent eu

j'eus été *ich war gewesen*
tu eus été
il eut été
nous eûmes été
vous eûtes été
ils eurent été

Futur II (futur antérieur)

j'aurai eu *ich werde gehabt haben*

j'aurai été *ich werde gewesen sein*

tu auras eu	tu auras été
il aura eu	il aura été
nous aurons eu	nous aurons été
vous aurez eu	vous aurez été
ils auront eu	ils auront été

Konditional II (conditionnel passé)

j'aurais eu *ich würde gehabt haben*	j'aurais été *ich würde gewesen sein*
tu aurais eu	tu aurais été
il aurait eu	il aurait été
nous aurions eu	nous aurions été
vous auriez eu	vous auriez été
ils auraient eu	ils auraient été

Konjunktiv (subjonctif)

Präsens (présent)

que j'aie *daß ich habe*	que je sois *daß ich sei*
que tu aies	que tu sois
qu'il ait	qu'il soit
que nous ayons	que nous soyons
que vous ayez	que vous soyez
qu'ils aient	qu'ils soient

Imperfekt (imparfait)

que j'eusse *daß ich hätte*	que je fusse *daß ich wäre*
que tu eusses	que tu fusses
qu'il eût	qu'il fût
que nous eussions	que nous fussions
que vous eussiez	que vous fussiez
qu'ils eussent	qu'ils fussent

Perfekt (passé composé)

que j'aie eu *daß ich gehabt habe*	que j'aie été *daß ich gewesen sei*
que tu aies eu usw.	que tu aies été usw.

Plusquamperfekt (plus-que-parfait)

que j'eusse eu *daß ich gehabt hätte*	que j'eusse été *daß ich gewesen wäre*
que tu eusses eu usw.	que tu eusses été usw.

Infinitiv (infinitif): **présent**

avoir *haben*	être *sein*

passé

avoir eu *gehabt haben*	avoir été *gewesen sein*

Imperativ (impératif):

aie *habe*	sois *sei*
ayons	soyons
ayez	soyez

Partizip (participe): **présent**

ayant *habend*	étant *seiend*

passé

ayant eu *gehabt habend*	ayant été *gewesen seiend*

b) Die regelmäßigen Verben auf -er, -ir, re

Indikativ (indicatif)

Präsens (présent)

je donn**e** *ich gebe*	je fin**is** *ich beende*	je romp**s** *ich breche*
tu donn**es**	tu fin**is**	tu romp**s**
il (elle) donn**e**	il (elle) fin**it**	il (elle) romp**t**
nous donn**ons**	nous fin**issons**	nous romp**ons**
vous donn**ez**	vous fin**issez**	vous romp**ez**
ils (elles) donn**ent**	ils (elles) fin**issent**	ils (elles) romp**ent**

Imperfekt (imparfait)

je donn**ais** *ich gab*	je fin**issais** *ich beendete*	je romp**ais** *ich brach*
tu donn**ais**	tu fin**issais**	tu romp**ais**
il donn**ait**	il fin**issait**	il romp**ait**
nous donn**ions**	nous fin**issions**	nous romp**ions**
vous donn**iez**	vous fin**issiez**	vous romp**iez**
ils donn**aient**	ils fin**issaient**	ils romp**aient**

Historisches Perfekt (passé simple)

je donn**ai** *ich gab*	je fin**is** *ich beendete*	je romp**is** *ich brach*
tu donn**as**	tu fin**is**	tu romp**is**
il donn**a**	il fin**it**	il romp**it**
nous donn**âmes**	nous fin**îmes**	nous romp**îmes**
vous donn**âtes**	vous fin**îtes**	vous romp**îtes**
ils donn**èrent**	ils fin**irent**	ils romp**irent**

Futur I (futur)

je donner**ai** *ich werde geben*	je finir**ai** *ich werde beenden*	je rompr**ai** *ich werde brechen*
tu donner**as**	tu finir**as**	tu rompr**as**
il donner**a**	il finir**a**	il rompr**a**
nous donner**ons**	nous finir**ons**	nous rompr**ons**
vous donner**ez**	vous finir**ez**	vous rompr**ez**
ils donner**ont**	ils finir**ont**	ils rompr**ont**

Konditional I (conditionnel présent)

je donner**ais** *ich würde geben*	je finir**ais** *ich würde beenden*	je rompr**ais** *ich würde brechen*
tu donner**ais**	tu finir**ais**	tu rompr**ais**
il donner**ait**	il finir**ait**	il rompr**ait**
nous donner**ions**	nous finir**ions**	nous rompr**ions**
vous donner**iez**	vous finir**iez**	vous rompr**iez**
ils donner**aient**	ils finir**aient**	ils rompr**aient**

Perfekt (passé composé)

j'ai donné, fini, rompu *ich habe gegeben, beendet, gebrochen*
tu as donné, fini, rompu usw.

Plusquamperfekt I (plus-que-parfait)
j'avais donné, fini, rompu *ich hatte gegeben, beendet, gebrochen*
tu avais donné, fini, rompu usw.

Plusquamperfekt II (passé antérieur)
j'eus donné, fini, rompu *ich hatte gegeben, beendet, gebrochen*
tu eus donné, fini, rompu usw.

Futur II (futur antérieur)
j'aurai donné, fini, rompu *ich werde gegeben, beendet, gebrochen haben*
tu auras donné, fini, rompu usw.

Konditional II (conditionnel passé)
j'aurais donné, fini, rompu *ich würde gegeben, beendet, gebrochen haben*
tu aurais donné, fini, rompu usw.

Konjunktiv (subjonctif)

Präsens (présent)

que je donne	que je fin**isse**	que je romp**e**
daß ich gebe	*daß ich beende*	*daß ich breche*
que tu donn**es**	que tu fin**isses**	que tu romp**es**
qu'il donn**e**	qu'il fin**isse**	qu'il romp**e**
que nous donn**ions**	que nous fin**issions**	que nous romp**ions**
que vous donn**iez**	que vous fin**issiez**	que vous romp**iez**
qu'ils donn**ent**	qu'ils fin**issent**	qu'ils romp**ent**

Imperfekt (imparfait)

que je donn**asse**	que je fin**isse**	que je romp**isse**
daß ich gäbe	*daß ich beendete*	*daß ich bräche*
que tu donn**asses**	que tu fin**isses**	que tu romp**isses**
qu'il donn**ât**	qu'il fin**ît**	qu'il romp**ît**
que nous donn**assions**	que nous fin**issions**	que nous romp**issions**
que vous donn**assiez**	que vous fin**issiez**	que vous romp**issiez**
qu'ils donn**assent**	qu'ils fin**issent**	qu'ils romp**issent**

Perfekt (passé composé)
que j'aie donné, fini, rompu *daß ich gegeben, beendet, gebrochen habe*
que tu aies donné, fini, rompu usw.

Plusquamperfekt (plus-que-parfait)
que j'eusse donné, fini, rompu *daß ich gegeben, beendet, gebrochen hätte*
que tu eusses donné, fini, rompu usw.

Infinitiv (infinitif): présent

donn**er** *geben*	fin**ir** *beenden*	romp**re** *brechen*

passé
avoir donné, fini, rompu *gegeben, beendet, gebrochen haben*

Imperativ (impératif):

donn**e** *gib*	fin**is** *beende*	romp**s** *brich*
donn**ons**	fin**issons**	romp**ons**
donn**ez**	fin**issez**	romp**ez**

Partizip (participe): présent

donn**ant** *gebend* fin**issant** *beendend* romp**ant** *brechend*

passé

ayant donné, fini, rompu *gegeben, beendet, gebrochen habend*

c) Alphabetische Liste der unregelmäßigen Verben

Folgende Formen sind aufgeführt: Infinitiv — Präsens Indikativ (*Präs. Ind.*) — Präsens Konjunktiv (*Präs. Konj.*) — Imperfekt Indikativ (*Imp. Ind.*) — Imperfekt Konjunktiv (*Imp. Konj.*) — Historisches Perfekt (*Perf.*) — Futur I (*Fut.*) — Konditional I (*Kond.*) — Imperativ (*Imper.*) — Partizip Präsens (*Part. Präs.*) — Partizip Perfekt (*Part. Perf.*).

absoudre *freisprechen* — *Präs. Ind.* j'absous, tu absous, il absout, nous absolvons, vous absolvez, ils absolvent — *Präs. Konj.* que j'absolve, que nous absolvions — *Imp. Ind.* j'absolvais, nous absolvions — *Imp. Konj.* fehlt — *Perf.* fehlt — *Fut.* j'absoudrai, nous absoudrons — *Kond.* j'absoudrais, nous absoudrions — *Imper.* absous, absolvons, absolvez — *Part. Präs.* absolvant, *Part. Perf.* absous (absoute).

accroître *zunehmen* s. croître, jedoch ohne Zirkumflex in den Formen des *Hist. Perf.* j'accrus, tu accrus, il accrut, ils accrurent sowie in der männlichen Form des *Part. Perf.* accru.

acquérir *erwerben* — *Präs. Ind.* j'acquiers, tu acquiers, il acquiert, nous acquérons, vous acquérez, ils acquièrent — *Präs. Konj.* que j'acquière, que tu acquières, qu'il acquière, que nous acquérions, que vous acquériez, qu'ils acquièrent — *Imp. Ind.* j'acquérais, nous acquérions — *Imp. Konj.* que j'acquisse, qu'il acquît — *Perf.* j'acquis, nous acquîmes — *Fut.* j'acquerrai, nous acquerrons — *Kond.* j'acquerrais, nous acquerrions — *Imper.* acquiers, acquérons, acquérez — *Part. Präs.* acquérant, *Part. Perf.* acquis (acquise).

aller *gehen* — *Präs. Ind.* je vais, tu vas, il va, nous allons, vous allez, ils vont — *Präs. Konj.* que j'aille, que tu ailles, qu'il aille, que nous allions, que vous alliez, qu'ils aillent — *Imp. Ind.* j'allais, nous allions — *Imp. Konj.* que j'allasse, qu'il allât — *Perf.* j'allai, nous allâmes — *Fut.* j'irai, nous irons — *Kond.* j'irais, nous irions — *Imper.* va (vor y: vas), allons, allez — *Part. Präs.* allant, *Part. Perf.* allé (allée).

assaillir *angreifen* — *Präs. Ind.* j'assaille, tu assailles, il assaille, nous assaillons, vous assaillez, ils assaillent — *Präs. Konj.* que j'assaille, que nous assaillions — *Imp. Ind.* j'assaillais, nous assaillions — *Imp. Konj.* que j'assaillisse, qu'il assaillît — *Perf.* j'assaillis, nous assaillîmes — *Fut.* j'assaillirai, nous assaillirons — *Kond.* j'assaillirais, nous assaillirions — *Imper.* assaille, assaillons, assaillez — *Part. Präs.* assaillant, *Part. Perf.* assailli (assaillie).

asseoir *setzen* — *Präs. Ind.* j'assieds, tu assieds, il assied, nous asseyons, vous asseyez, ils asseyent (*od.* j'assois, tu assois, il assoit, nous assoyons, vous assoyez, ils assoient) — *Präs. Konj.* que j'asseye, que nous asseyions (*od.* que j'assoie, que nous assoyions) — *Imp. Ind.* j'asseyais, nous asseyions (*od.* j'assoyais, nous assoyions) — *Imp. Konj.* que j'assisse, qu'il assît — *Perf.* j'assis, nous assîmes — *Fut.* j'assiérai, nous assiérons (*od.* j'assoirai, nous assoirons) — *Kond.* j'assiérais, nous assiérions (*od.* j'assoirais, nous assoirions) — *Imper.* assieds, asseyons, asseyez (*od.* assois, assoyons, assoyez) — *Part. Präs.* asseyant (*od.* assoyant), *Part. Perf.* assis (assise).

battre *schlagen* — *Präs. Ind.* je bats, tu bats, il bat, nous battons, vous battez, ils battent — *Präs. Konj.* que je batte, que nous battions — *Imp. Ind.* je battais, nous battions — *Imp. Konj.* que je battisse, qu'il battît — *Perf.* je battis, nous battîmes — *Fut.* je battrai, nous battrons — *Kond.* je battrais, nous battrions — *Imper.* bats, battons, battez — *Part. Präs.* battant, *Part. Perf.* battu (battue).

bénir *segnen* — regelmäßig; in der Bedeutung „*geweiht*" lautet das *Part. Perf.* bénit (bénite).

boire *trinken* — *Präs. Ind.* je bois, tu bois, il boit, nous buvons, vous buvez, ils boivent — *Präs. Konj.* que je boive, que nous buvions — *Imp. Ind.* je buvais, nous buvions — *Imp. Konj.* que je busse, qu'il bût — *Perf.* je bus, nous bûmes — *Fut.* je boirai, nous boirons — *Kond.* je boirais, nous boirions — *Imper.* bois, buvons, buvez — *Part. Präs.* buvant, *Part. Perf.* bu (bue).

bouillir *kochen* (*intransitiv*) — *Präs. Ind.* je bous, tu bous, il bout, nous bouillons, vous bouillez, ils bouillent — *Präs. Konj.* que je bouille, que nous bouillions — *Imp. Ind.* je bouillais, nous bouillions — *Imp. Konj.* que je bouillisse, qu'il bouillît — *Perf.* je bouillis, nous bouillîmes — *Fut.* je bouillirai, nous bouillirons — *Kond.* je bouillirais, nous bouillirions — *Imper.* bous, bouillons, bouillez — *Part. Präs.* bouillant, *Part. Perf.* bouilli (bouillie).

braire *schreien* (*Esel*) — es kommen nur folgende Formen vor: *Präs. Ind.* il brait, ils braient — *Imp. Ind.* il brayait, ils brayaient — *Fut.* il braira, ils brairont — *Kond.* il brairait, ils brairaient — *Part. Präs.* brayant, *Part. Perf.* brait.

bruire *rauschen* — es kommen nur folgende Formen vor: *Präs. Ind.* il bruit, ils bruissent — *Imp. Ind.* il bruissait, ils bruissaient — *Part. Präs.* bruissant.

clore *schließen* — es kommen nur folgende Formen vor: *Präs. Ind.* je clos, tu clos, il clôt — *Präs. Konj.* que je close, que tu closes, qu'il close — *Fut.* je clorai, nous clorons — *Kond.* je clorais, nous clorions — *Part. Perf.* clos (close).

conclure *schließen* (*Vertrag*) — *Präs. Ind.* je conclus, tu conclus, il conclut, nous concluons, vous concluez, ils concluent — *Präs. Konj.* que je conclue, que nous concluions — *Imp. Ind.* je concluais, nous concluions — *Imp. Konj.* que je conclusse, qu'il conclût — *Perf.* je conclus, nous conclûmes — *Fut.* je conclurai, nous conclurons — *Kond.* je conclurais, nous conclurions — *Imper.* conclus, concluons, concluez — *Part. Präs.* concluant, *Part. Perf.* conclu (conclue).

conduire *führen* — *Präs. Ind.* je conduis, tu conduis, il conduit, nous conduisons, vous conduisez, ils conduisent — *Präs. Konj.* que je conduise, que nous conduisions — *Imp. Ind.* je conduisais, nous conduisions — *Imp. Konj.* que je conduisisse, qu'il conduisît — *Perf.* je conduisis, nous conduisîmes — *Fut.* je conduirai, nous conduirons — *Kond.* je conduirais, nous conduirions — *Imper.* conduis, conduisons, conduisez — *Part. Präs.* conduisant, *Part. Perf.* conduit (conduite).

confire *einmachen* — *Präs. Ind.* je confis, tu confis, il confit, nous confisons, vous confisez, ils confisent — *Präs. Konj.* que je confise, que nous confisions — *Imp. Ind.* je confisais, nous confisions — *Imp. Konj.* que je confisse, qu'il confît — *Perf.* je confis, nous confîmes — *Fut.* je confirai, nous confirons — *Kond.* je confirais, nous confirions — *Imper.* confis, confisons, confisez — *Part. Präs.* confisant, *Part. Perf.* confit (confite).

connaître *kennen* — *Präs. Ind.* je connais, tu connais, il connaît, nous connaissons, vous connaissez, ils connaissent — *Präs. Konj.* que je connaisse, que nous connaissions — *Imp. Ind.* je connaissais, nous connaissions — *Imp. Konj.* que je connusse, qu'il connût — *Perf.* je connus, nous connûmes — *Fut.* je connaîtrai, nous connaîtrons — *Kond.* je connaîtrais, nous connaîtrions — *Imper.* connais, connaissons, connaissez — *Part. Präs.* connaissant, *Part. Perf.* connu (connue).

contredire *widersprechen* s. dire; ausgenommen *2. Pers. Plur. Präs. Ind.* und Imperativ: vous contredisez, contredisez.

coudre *nähen* — *Präs. Ind.* je couds, tu couds, il coud, nous cousons, vous cousez, ils cousent — *Präs. Konj.* que je couse, que nous cousions — *Imp. Ind.* je cousais, nous cousions — *Imp. Konj.* que je cousisse, qu'il cousît — *Perf.* je cousis, nous cousîmes — *Fut.* je coudrai, nous coudrons — *Kond.* je coudrais, nous coudrions — *Imper.* couds, cousons, cousez — *Part. Präs.* cousant, *Part. Perf.* cousu (cousue).

courir *laufen* — *Präs. Ind.* je cours, tu cours, il court, nous courons, vous courez, ils courent — *Präs. Konj.* que je coure, que nous courions — *Imp. Ind.* je courais, nous courions — *Imp. Konj.* que je courusse, qu'il courût — *Perf.* je courus, nous courûmes — *Fut.* je courrai, nous courrons — *Kond.* je courrais, nous courrions — *Imper.* cours, courons, courez — *Part. Präs.* courant, *Part. Perf.* couru (courue).

couvrir *bedecken* — *Präs. Ind.* je couvre, tu couvres, il couvre, nous couvrons, vous couvrez, ils couvrent — *Präs. Konj.* que je couvre, que nous couvrions — *Imp. Ind.* je couvrais, nous couvrions — *Imp. Konj.* que je couvrisse, qu'il couvrît — *Perf.* je couvris, nous couvrîmes — *Fut.* je couvrirai, nous couvrirons — *Kond.* je couvrirais, nous couvririons — *Imper.* couvre, couvrons, couvrez — *Part. Präs.* couvrant, *Part. Perf.* couvert (couverte).

craindre *fürchten* — *Präs. Ind.* je crains, tu crains, il craint, nous craignons, vous craignez, ils craignent — *Präs. Konj.* que je craigne, que nous craignions — *Imp. Ind.* je craignais, nous craignions — *Imp. Konj.* que je craignisse, qu'il craignît — *Perf.* je craignis, nous craignîmes — *Fut.* je craindrai, nous craindrons — *Kond.* je craindrais, nous craindrions — *Imper.* crains, craignons, craignez — *Part. Präs.* craignant, *Part. Perf.* craint (crainte).

croire *glauben* — *Präs. Ind.* je crois, tu crois, il croit, nous croyons, vous croyez, ils croient — *Präs. Konj.* que je croie, que nous croyions — *Imp. Ind.* je croyais, nous croyions — *Imp. Konj.* que je crusse, qu'il crût — *Perf.* je crus, nous crûmes — *Fut.* je croirai, nous croirons — *Kond.* je croirais, nous croirions — *Imper.* crois, croyons, croyez — *Part. Präs.* croyant, *Part. Perf.* cru (crue).

croître *wachsen* — *Präs. Ind.* je croîs, tu croîs, il croît, nous croissons, vous croissez, ils croissent — *Präs. Konj.* que je croisse, que nous croissions — *Imp. Ind.* je croissais, nous croissions — *Imp. Konj.* que je crusse, qu'il crût — *Perf.* je crûs, tu crûs, il crût, nous crûmes, vous crûtes, ils crûrent — *Fut.* je croîtrai, nous croîtrons — *Kond.* je croîtrais, nous croîtrions — *Imper.* croîs, croissons, croissez — *Part. Präs.* croissant, *Part. Perf.* crû (crue), crûs (crues).

cueillir *pflücken* — *Präs. Ind.* je cueille, tu cueilles, il cueille, nous cueillons, vous cueillez, ils cueillent — *Präs. Konj.* que je cueille, que nous cueillions — *Imp. Ind.* je cueillais, nous cueillions — *Imp. Konj.* que je cueillisse, qu'il cueillît — *Perf.* je cueillis, nous cueillîmes — *Fut.* je cueillerai, nous cueillerons — *Kond.* je cueillerais, nous cueillerions — *Imper.* cueille, cueillons, cueillez — *Part. Präs.* cueillant, *Part. Perf.* cueilli (cueillie).

déchoir *(ver)fallen* — *Präs. Ind.* je déchois, tu déchois, il déchoit, nous déchoyons, vous déchoyez, ils déchoient — *Präs. Konj.* que je déchoie, que nous déchoyions — *Imp. Ind.* fehlt — *Imp. Konj.* que je déchusse, qu'il déchût — *Perf.* je déchus, nous déchûmes — *Fut.* je déchoirai, nous déchoirons — *Kond.* je déchoirais, nous déchoirions — *Imper.* fehlt — *Part. Präs.* fehlt — *Part. Perf.* déchu (déchue).

décroître *abnehmen* s. croître; ausgenommen *Hist. Perf.* je décrus, tu décrus, il décrut, nous décrûmes, vous décrûtes, ils décrurent und *Part. Perf.* décru (décrue).

dédire *verleugnen* s. dire; ausgenommen *2. Pers. Plur. Präs. Ind.* und *Imperativ:* vous dédisez, dédisez.

devoir *müssen* s. recevoir; ausgenommen *Part. Perf.* dû (due), dus (dues).

dire *sagen* — *Präs. Ind.* je dis, tu dis, il dit, nous disons, vous dites, ils disent — *Präs. Konj.* que je dise, que nous disions — *Imp. Ind.* je disais, nous disions — *Imp. Konj.* que je disse, qu'il dît — *Perf.* je dis, nous dîmes — *Fut.* je dirai, nous dirons — *Kond.* je dirais, nous dirions — *Imper.* dis, disons, dites — *Part. Präs.* disant, *Part. Perf.* dit (dite).

dormir *schlafen* — *Präs. Ind.* je dors, tu dors, il dort, nous dormons, vous dormez, ils dorment — *Präs. Konj.* que je dorme, que nous dormions — *Imp. Ind.* je dormais, nous dormions — *Imp. Konj.* que je dormisse, qu'il dormît — *Perf.* je dormis, nous dormîmes — *Fut.* je dormirai, nous dormirons — *Kond.* je dormirais, nous dormirions — *Imper.* dors, dormons, dormez — *Part. Präs.* dormant, *Part. Perf.* dormi.

échoir *zufallen, fällig sein* — es kommen nur folgende Formen vor: *Präs. Ind.* il échoit, ils échoient — *Imp. Konj.* qu'il échût — *Perf.* il échut, ils échurent — *Fut.* il échoira, ils échoiront — *Kond.* il échoirait, ils échoiraient — *Part. Präs.* échéant, *Part. Perf.* échu (échue).

éclore *aufblühen* — es kommen nur folgende Formen vor: *Präs. Ind.* il éclôt, ils éclosent — *Präs. Konj.* qu'il éclose, qu'ils éclosent — *Fut.* il éclora, ils écloront — *Kond.* il éclorait, ils écloraient — *Part. Perf.* éclos (éclose).

écrire *schreiben* — *Präs. Ind.* j'écris, tu écris, il écrit, nous écrivons, vous écrivez, ils écrivent — *Präs. Konj.* que j'écrive, que nous écrivions — *Imp. Ind.* j'écrivais, nous écrivions — *Imp. Konj.* que j'écrivisse, qu'il écrivît — *Perf.* j'écrivis, nous écrivîmes — *Fut.* j'écrirai, nous écrirons — *Kond.* j'écrirais, nous écririons — *Imper.* écris, écrivons, écrivez — *Part. Präs.* écrivant, *Part. Perf.* écrit (écrite).

envoyer *schicken* — *Präs. Ind.* j'envoie, tu envoies, il envoie, nous envoyons, vous envoyez, ils envoient — *Präs. Konj.* que j'envoie, que nous envoyions — *Imp. Ind.* j'envoyais, nous envoyions — *Imp. Konj.* que j'envoyasse, qu'il envoyât — *Perf.* j'envoyai, nous envoyâmes — *Fut.* j'enverrai, nous enverrons — *Kond.* j'enverrais, nous enverrions — *Imper.* envoie, envoyons, envoyez — *Part. Präs.* envoyant, *Part. Perf.* envoyé (envoyée).

faillir (*ver*)*fehlen* — es kommen nur folgende Formen vor: *Perf.* je faillis, nous faillîmes — *Fut.* je faillirai, nous faillirons — *Kond.* je faillirais, nous faillirions — *Part. Präs.* faillant, *Part. Perf.* failli (faillie).

faire *machen* — *Präs. Ind.* je fais, tu fais, il fait, nous faisons, vous faites, ils font — *Präs. Konj.* que je fasse, que nous fassions — *Imp. Ind.* je faisais, nous faisions — *Imp. Konj.* que je fisse, qu'il fît — *Perf.* je fis, nous fîmes — *Fut.* je ferai, nous ferons — *Kond.* je ferais, nous ferions — *Imper.* fais, faisons, faites — *Part. Präs.* faisant, *Part. Perf.* fait (faite).

falloir *müssen, nötig sein* — es kommen, da unpersönlich gebraucht, nur die Formen der *3. Pers. Sing.* vor: *Präs. Ind.* il faut — *Präs. Konj.* qu'il faille — *Imp. Ind.* il fallait — *Imp. Konj.* qu'il fallût — *Perf.* il fallut — *Fut.* il faudra — *Kond.* il faudrait — *Part. Perf.* fallu.

fleurir *blühen* — bildlich gebraucht, lauten die Formen des *Imp. Ind.* und des *Part. Präs.* je florissais, nous florissions, florissant.

frire *braten, backen* — es kommen nur folgende Formen vor: *Präs. Ind.* je fris, tu fris, il frit — *Fut.* je frirai, nous frirons — *Kond.* je frirais, nous fririons — *Imper.* fris — *Part. Perf.* frit (frite).

fuir *fliehen* — *Präs. Ind.* je fuis, tu fuis, il fuit, nous fuyons, vous fuyez, ils fuient — *Präs. Konj.* que je fuie, que nous fuyions — *Imp. Ind.* je fuyais, nous fuyions — *Imp. Konj.* que je fuisse, qu'il fuît — *Perf.* je fuis, nous fuîmes — *Fut.* je fuirai, nous fuirons — *Kond.* je fuirais, nous fuirions — *Imper.* fuis, fuyons, fuyez — *Part. Präs.* fuyant, *Part. Perf.* fui (fuie).

gésir *liegen* — es kommen nur folgende Formen vor: *Präs. Ind.* il gît, nous gisons, vous gisez, ils gisent — *Imp. Ind.* je gisais, nous gisions — *Part. Präs.* gisant.

haïr *hassen* — *Präs. Ind.* je hais, tu hais, il hait, nous haïssons, vous haïssez, ils haïssent — *Präs. Konj.* que je haïsse, que nous haïssions — *Imp. Ind.* je haïssais, nous haïssions — *Imp. Konj.* que je haïsse, qu'il haït — *Perf.* je haïs, nous haïmes — *Fut.* je haïrai, nous haïrons — *Kond.* je haïrais, nous haïrions — *Imper.* hais, haïssons, haïssez — *Part. Präs.* haïssant, *Part. Perf.* haï (haïe).

interdire *untersagen* s. dire; ausgenommen *2. Pers. Plur. Präs. Ind.* und *Imperativ*: vous interdisez, interdisez.

lire *lesen* — *Präs. Ind.* je lis, tu lis, il lit, nous lisons, vous lisez, ils lisent — *Präs. Konj.* que je lise, que nous lisions — *Imp. Ind.* je lisais, nous lisions — *Imp. Konj.* que je lusse, qu'il lût — *Perf.* je lus, nous lûmes — *Fut.* je lirai, nous lirons — *Kond.* je lirais, nous lirions — *Imper.* lis, lisons, lisez — *Part. Präs.* lisant, *Part. Perf.* lu (lue).

luire *leuchten* s. conduire, nur fehlen die Formen des *Imp. Konj.*, und das *Part. Perf.* lui kennt keine weibliche Form.

maudire *verfluchen* s. dire; ausgenommen die Pluralformen des *Präs. Ind.*, alle Formen des *Präs. Konj.*, das *Imperfekt* und das *Part. Präs.*: *Präs. Ind.* nous maudissons, vous maudissez, ils maudissent — *Präs. Konj.* que je maudisse, que nous maudissions — *Imp. Ind.* je maudissais, nous maudissions — *Part. Präs.* maudissant.

médire *verleumden* s. dire; ausgenommen *2. Pers. Plur. Präs. Ind.* und *Imperativ*: vous médisez, médisez.

mentir *lügen* — *Präs. Ind.* je mens, tu mens, il ment, nous mentons, vous mentez, ils mentent — *Präs. Konj.* que je mente, que nous mentions — *Imp. Ind.* je mentais, nous mentions — *Imp. Konj.* que je mentisse, qu'il mentît — *Perf.* je mentis, nous mentîmes — *Fut.* je mentirai, nous mentirons — *Kond.* je mentirais, nous mentirions — *Imper.* mens, mentons, mentez — *Part. Präs.* mentant, *Part. Perf.* menti.

mettre *setzen, stellen, legen* — *Präs. Ind.* je mets, tu mets, il met, nous mettons, vous mettez, ils mettent — *Präs. Konj.* que je mette, que nous mettions — *Imp. Ind.* je mettais, nous mettions — *Imp. Konj.* que je misse, qu'il mît — *Perf.* je mis, nous mîmes — *Fut.* je mettrai, nous mettrons — *Kond.* je mettrais, nous mettrions — *Imper.* mets, mettons, mettez — *Part. Präs.* mettant, *Part. Perf.* mis (mise).

moudre *mahlen* — *Präs. Ind.* je mouds, tu mouds, il moud, nous moulons, vous moulez, ils moulent — *Präs. Konj.* que je moule, que nous moulions — *Imp. Ind.* je moulais, nous moulions — *Imp. Konj.* que je moulusse, qu'il moulût — *Perf.* je moulus, nous moulûmes — *Fut.* je moudrai, nous moudrons — *Kond.* je moudrais, nous moudrions — *Imper.* mouds, moulons, moulez — *Part. Präs.* moulant, *Part. Perf.* moulu (moulue).

mourir *sterben* — *Präs. Ind.* je meurs, tu meurs, il meurt, nous mourons, vous mourez, ils meurent — *Präs. Konj.* que je meure, que nous mourions — *Imp. Ind.* je mourais, nous mourions — *Imp. Konj.* que je mourusse, qu'il mourût — *Perf.* je mourus, nous mourûmes — *Fut.* je mourrai, nous mourrons — *Kond.* je mourrais, nous mourrions — *Imper.* meurs, mourons, mourez — *Part. Präs.* mourant, *Part. Perf.* mort (morte).

mouvoir *bewegen* — *Präs. Ind.* je meus, tu meus, il meut, nous mouvons, vous mouvez, ils meuvent — *Präs. Konj.* que je meuve, que nous mouvions — *Imp. Ind.* je mouvais, nous mouvions — *Imp. Konj.* que je musse, qu'il mût — *Perf.* je mus, nous mûmes — *Fut.* je mouvrai, nous mouvrons — *Kond.* je mouvrais, nous mouvrions — *Imper.* meus, mouvons, mouvez — *Part. Präs.* mouvant, *Part. Perf.* mû (mue), mus (mues).

naître *geboren werden* — *Präs. Ind.* je nais, tu nais, il naît, nous naissons, vous naissez, ils naissent — *Präs. Konj.* que je naisse, que nous naissions — *Imp. Ind.* je naissais, nous naissions — *Imp. Konj.* que je naquisse, qu'il naquît — *Perf.* je naquis, nous naquîmes — *Fut.* je naîtrai, nous naîtrons — *Kond.* je naîtrais, nous naîtrions — *Imper.* nais, naissons, naissez — *Part. Präs.* naissant, *Part. Perf.* né (née).

nuire *schaden* s. conduire; ausgenommen *Part. Perf.* nui.

paître *weiden* — es kommen nur folgende Formen vor: *Präs. Ind.* je pais, tu pais, il paît, nous paissons, vous paissez, ils paissent — *Präs. Konj.* que je paisse, que nous paissions — *Imp. Ind.* je paissais, nous paissions — *Fut.* je paîtrai, nous paîtrons — *Kond.* je paîtrais, nous paîtrions — *Imper.* pais, paissons, paissez — *Part. Präs.* paissant.

plaire *gefallen* — *Präs. Ind.* je plais, tu plais, il plaît, nous plaisons, vous plaisez, ils plaisent — *Präs. Konj.* que je plaise, que nous plaisions — *Imp. Ind.* je plaisais, nous plaisions — *Imp. Konj.* que je plusse, qu'il plût — *Perf.* je plus, nous plûmes — *Fut.* je plairai, nous plairons — *Kond.* je plairais, nous plairions — *Imper.* fehlt — *Part. Präs.* plaisant, *Part. Perf.* plu.

pleuvoir *regnen* — es kommen, da unpersönlich gebraucht, nur die Formen der *3. Pers. Sing.* vor: *Präs. Ind.* il pleut — *Präs. Konj.* qu'il pleuve — *Imp. Ind.* il pleuvait — *Imp. Konj.* qu'il plût — *Perf.* il plut — *Fut.* il pleuvra — *Kond.* il pleuvrait — *Part. Präs.* pleuvant, *Part. Perf.* plu.

pourvoir (*vor*)*sorgen* s. voir; ausgenommen die Formen des *Imperfekts Konj.*, des *Hist. Perfekts*, des *Futurs* und des *Konditionals*: *Imp. Konj.* que je pourvusse, qu'il pourvût — *Perf.* je pourvus, nous pourvûmes — *Fut.* je pourvoirai, nous pourvoirons — *Kond.* je pourvoirais, nous pourvoirions.

pouvoir *können* — *Präs. Ind.* je peux (puis), tu peux, il peut, nous pouvons, vous pouvez, ils peuvent — *Präs. Konj.* que je puisse, que nous puissions

— *Imp. Ind.* je pouvais, nous pouvions — *Imp. Konj.* que je pusse, qu'il pût — *Perf.* je pus, nous pûmes — *Fut.* je pourrai, nous pourrons — *Kond.* je pourrais, nous pourrions — *Imper.* fehlt — *Part. Präs.* pouvant, *Part. Perf.* pu.

prédire *vorhersagen* s. dire; ausgenommen *2. Pers. Plur. Präs. Ind.* und *Imperativ*: vous prédisez, prédisez.

prendre *nehmen* — *Präs. Ind.* je prends, tu prends, il prend, nous prenons, vous prenez, ils prennent — *Präs. Konj.* que je prenne, que nous prenions — *Imp. Ind.* je prenais, nous prenions — *Imp. Konj.* que je prisse, qu'il prît — *Perf.* je pris, nous prîmes — *Fut.* je prendrai, nous prendrons — *Kond.* je prendrais, nous prendrions — *Imper.* prends, prenons, prenez — *Part. Präs.* prenant, *Part. Perf.* pris (prise).

prévoir *voraussehen* s. voir; ausgenommen die Formen des *Futurs* und *Konditionals*: *Fut.* je prévoirai, nous prévoirons — *Kond.* je prévoirais, nous prévoirions.

promouvoir *befördern* s. mouvoir; ausgenommen *Part. Perf.* promu.

recevoir *empfangen* — *Präs. Ind.* je reçois, tu reçois, il reçoit, nous recevons, vous recevez, ils reçoivent — *Präs. Konj.* que je reçoive, que nous recevions — *Imp. Ind.* je recevais, nous recevions — *Imp. Konj.* que je reçusse, qu'il reçût — *Perf.* je reçus, nous reçûmes — *Fut.* je recevrai, nous recevrons — *Kond.* je recevrais, nous recevrions — *Imper.* reçois, recevons, recevez — *Part. Präs.* recevant, *Part. Perf.* reçu (reçue).

résoudre *(auf)lösen, beschließen* s. absoudre; ausgenommen die Formen des *Imp. Konj.*, des *Hist. Perf.* und des *Part. Perf.*: *Imp. Konj.* que je résolusse, qu'il résolût — *Perf.* je résolus, nous résolûmes — *Part. Perf.* résolu (résolue) und, als chemische Bezeichnung, résous (ohne Femininum!).

rire *lachen* — *Präs. Ind.* je ris, tu ris, il rit, nous rions, vous riez, ils rient — *Präs. Konj.* que je rie, que nous riions — *Imp. Ind.* je riais, nous riions — *Imp. Konj.* que je risse, qu'il rît — *Perf.* je ris, nous rîmes — *Fut.* je rirai, nous rirons — *Kond.* je rirais, nous ririons — *Imper.* ris, rions, riez — *Part. Präs.* riant, *Part. Perf.* ri.

saillir wird in der seltenen Bedeutung „*hervorsprudeln*" regelmäßig wie finir, in der Bedeutung „*hervorragen*" unregelmäßig wie cueillir konjugiert. In ersterem Fall kommen nur noch der *Infinitiv*, die *dritten Personen der einfachen Zeiten* sowie das *Part. Präs.* vor, in letzterem Fall folgende Formen: *Präs. Ind.* il saille — *Präs. Konj.* qu'il saille — *Imp. Ind.* il saillait — *Fut.* il saillera — *Kond.* il saillerait — *Part. Präs.* saillant, *Part. Perf.* sailli.

savoir *wissen* — *Präs. Ind.* je sais, tu sais, il sait, nous savons, vous savez, ils savent — *Präs. Konj.* que je sache, que nous sachions — *Imp. Ind.* je savais, nous savions — *Imp. Konj.* que je susse, qu'il sût — *Perf.* je sus, nous sûmes — *Fut.* je saurai, nous saurons — *Kond.* je saurais, nous saurions — *Imper.* sache, sachons, sachez — *Part. Präs.* sachant, *Part. Perf.* su (sue).

seoir *gut kleiden, stehen* — es kommen, da nur unpersönlich gebraucht, nur folgende Formen vor: *Präs. Ind.* il sied, ils siéent — *Präs. Konj.* qu'il siée, qu'ils siéent — *Imp. Ind.* il seyait, ils seyaient — *Fut.* il siéra, ils siéront — *Kond.* il siérait, ils siéraient — *Part. Präs.* séant (seyant), *Part. Perf.* sis (sise).

servir *(be)dienen* — *Präs. Ind.* je sers, tu sers, il sert, nous servons, vous servez, ils servent — *Präs. Konj.* que je serve, que nous servions — *Imp. Ind.* je servais, nous servions — *Imp. Konj.* que je servisse, qu'il servît — *Perf.* je servis, nous servîmes — *Fut.* je servirai, nous servirons — *Kond.* je servirais, nous servirions — *Imper.* sers, servons, servez — *Part. Präs.* servant, *Part. Perf.* servi (servie).

sortir *hinausgehen* — *Präs. Ind.* je sors, tu sors, il sort, nous sortons, vous sortez, ils sortent — *Präs. Konj.* que je sorte, que nous sortions — *Imp. Ind.* je sortais, nous sortions — *Imp. Konj.* que je sortisse, qu'il sortît — *Perf.* je sortis, nous sortîmes — *Fut.* je sortirai, nous sortirons — *Kond.* je sortirais, nous sortirions — *Imper.* sors, sortons, sortez — *Part. Präs.* sortant, *Part. Perf.* sorti (sortie).

suffire *genügen* s. confire; ausgenommen *Part. Perf.* suffi.

suivre *folgen* — *Präs. Ind.* je suis, tu suis, il suit, nous suivons, vous suivez, ils suivent — *Präs. Konj.* que je suive, que nous suivions — *Imp. Ind.* je suivais, nous suivions — *Imp. Konj.* que je suivisse, qu'il suivît — *Perf.* je suivis, nous suivîmes — *Fut.* je suivrai, nous suivrons — *Kond.* je suivrais, nous suivrions — *Imper.* suis, suivons, suivez — *Part. Präs.* suivant, *Part. Perf.* suivi (suivie).

surseoir *aufschieben* — *Präs. Ind.* je sursois, tu sursois, il sursoit, nous sursoyons, vous sursoyez, ils sursoient — *Präs. Konj.* que je sursoie, que nous sursoyions — *Imp. Ind.* je sursoyais, nous sursoyions — *Imp. Konj.* que je sursisse, qu'il sursît — *Perf.* je sursis, nous sursîmes — *Fut.* je surseoirai, nous surseoirons — *Kond.* je surseoirais, nous surseoirions — *Imper.* sursois, sursoyons, sursoyez — *Part. Präs.* sursoyant, *Part. Perf.* sursis.

taire *verschweigen* — *Präs. Ind.* je tais, tu tais, il tait, nous taisons, vous taisez, ils taisent — *Präs. Konj.* que je taise, que nous taisions — *Imp. Ind.* je taisais, nous taisions — *Imp. Konj.* que je tusse, qu'il tût — *Perf.* je tus, nous tûmes — *Fut.* je tairai, nous tairons — *Kond.* je tairais, nous tairions — *Imper.* tais, taisons, taisez — *Part. Präs.* taisant, *Part. Perf.* tu (tue).

tenir *halten* — *Präs. Ind.* je tiens, tu tiens, il tient, nous tenons, vous tenez, ils tiennent — *Präs. Konj.* que je tienne, que nous tenions — *Imp. Ind.* je tenais, nous tenions — *Imp. Konj.* que je tinsse, qu'il tînt — *Perf.* je tins, nous tînmes — *Fut.* je tiendrai, nous tiendrons — *Kond.* je tiendrais, nous tiendrions — *Imper.* tiens, tenons, tenez — *Part. Präs.* tenant, *Part. Perf.* tenu (tenue).

traire *melken* — *Präs. Ind.* je trais, tu trais, il trait, nous trayons, vous trayez, ils traient — *Präs. Konj.* que je traie, que nous trayions — *Imp. Ind.* je trayais, nous trayions — *Imp. Konj.* fehlt — *Perf.* fehlt — *Fut.* je trairai, nous trairons — *Kond.* je trairais, nous trairions — *Imper.* trais, trayons, trayez — *Part. Präs.* trayant, *Part. Perf.* trait (traite).

vaincre *(be)siegen* — *Präs. Ind.* je vaincs, tu vaincs, il vainc, nous vainquons, vous vainquez, ils vainquent — *Präs. Konj.* que je vainque, que nous vainquions — *Imp. Ind.* je vainquais, nous vainquions — *Imp. Konj.* que je vainquisse, qu'il vainquît — *Perf.* je vainquis, nous vainquîmes — *Fut.* je vaincrai, nous vaincrons — *Kond.* je vaincrais, nous vaincrions — *Imper.* vaincs, vainquons, vainquez — *Part. Präs.* vainquant, *Part. Perf.* vaincu (vaincue).

valoir *gelten, wert sein* — *Präs. Ind.* je vaux, tu vaux, il vaut, nous valons, vous valez, ils valent — *Präs. Konj.* que je vaille, que tu vailles, qu'il vaille, que nous valions, que vous valiez, qu'ils vaillent — *Imp. Ind.* je valais, nous valions — *Imp. Konj.* que je valusse, qu'il valût — *Perf.* je valus, nous valûmes — *Fut.* je vaudrai, nous vaudrons — *Kond.* je vaudrais, nous vaudrions — *Imper.* vaux, valons, valez — *Part. Präs.* valant, *Part. Perf.* valu (value).

venir *kommen* — *Präs. Ind.* je viens, tu viens, il vient, nous venons, vous venez, ils viennent — *Präs. Konj.* que je vienne, que nous venions — *Imp. Ind.* je venais, nous venions — *Imp. Konj.* que je vinsse, qu'il vînt — *Perf.* je vins, nous vînmes — *Fut.* je viendrai, nous viendrons — *Kond.* je viendrais, nous viendrions — *Imper.* viens, venons, venez — *Part. Präs.* venant, *Part. Perf.* venu (venue).

vêtir *(an)kleiden* (selten gebraucht) — *Präs. Ind.* je vêts, tu vêts, il vêt, nous vêtons, vous vêtez, ils vêtent — *Präs. Konj.* que je vête, que nous vêtions — *Imp. Ind.* je vêtais, nous vêtions — *Imp. Konj.* que je vêtisse, qu'il vêtît — *Perf.* je vêtis, nous vêtîmes — *Fut.* je vêtirai, nous vêtirons — *Kond.* je vêtirais, nous vêtirions — *Imper.* vêts, vêtons, vêtez — *Part. Präs.* vêtant, *Part. Perf.* vêtu (vêtue).

vivre *leben* — *Präs. Ind.* je vis, tu vis, il vit, nous vivons, vous vivez, ils vivent — *Präs. Konj.* que je vive, que nous vivions — *Imp. Ind.* je vivais, nous vivions — *Imp. Konj.* que je vécusse, qu'il vécût — *Perf.* je vécus, nous vécûmes — *Fut.* je vivrai, nous vivrons — *Kond.* je vivrais, nous vivrions — *Imper.* vis, vivons, vivez — *Part. Präs.* vivant, *Part. Perf.* vécu (vécue).

voir *sehen* — *Präs. Ind.* je vois, tu vois, il voit, nous voyons, vous voyez, ils voient — *Präs. Konj.* que je voie, que tu voies, qu'il voie, que nous voyions, que vous voyiez, qu'ils voient — *Imp. Ind.* je voyais, nous voyions — *Imp. Konj.* que je visse, qu'il vît — *Perf.* je vis, nous vîmes — *Fut.* je verrai, nous verrons — *Kond.* je verrais, nous verrions — *Imper.* vois, voyons, voyez — *Part. Präs.* voyant, *Part. Perf.* vu (vue).

vouloir *wollen* — *Präs. Ind.* je veux, tu veux, il veut, nous voulons, vous voulez, ils veulent — *Präs. Konj.* que je veuille, que tu veuilles, qu'il veuille, que nous voulions, que vous vouliez, qu'ils veuillent — *Imp. Ind.* je voulais, nous voulions — *Imp. Konj.* que je voulusse, qu'il voulût — *Perf.* je voulus, nous voulûmes — *Fut.* je voudrai, nous voudrons — *Kond.* je voudrais, nous voudrions — *Imper.* veux (höflicher: veuille), voulons, voulez (höflicher: veuillez) — *Part. Präs.* voulant, *Part. Perf.* voulu (voulue).

d) Das Passiv

Die Zeiten des Passivs werden mit **être** (= *werden*) und dem **Partizip Perfekt** gebildet, das sich in Geschlecht und Zahl nach dem Subjekt des Satzes richtet:

je suis invit**é**	*ich werde eingeladen*
nous sommes invité**s**	*wir werden eingeladen*
M. Dupont fut invit**é**	*Herr D. wurde eingeladen*
Mme Dupont ne fut pas invité**e**	*Frau D. wurde nicht eingeladen*

Die Bezeichnung des **Urhebers** der passiven Handlung erfolgt meist durch **par** (wenn die *Handlung* betont wird), seltener durch **de** (wenn ein *Zustand* bezeichnet werden soll):

elle fut blessée **par** une balle — *sie wurde durch eine Kugel verletzt*
aber: elle est aimée **de** ses enfants — *sie wird von ihren Kindern geliebt*

Demnach wird der Urheber der passiven Handlung nach den Partizipien der Verben accompagner *begleiten*, aimer *lieben*, entourer *umgeben*, haïr *hassen*, précéder *vorangehen*, suivre *folgen*, voir *sehen* mit **de** angeschlossen, während sonst überwiegend **par** zu gebrauchen ist.

Wie in den anderen romanischen Sprachen wird das Passiv auch im Französischen häufig durch aktivische Konstruktionen ersetzt:

ici on parle français — *hier wird Französisch gesprochen*
(vgl. *ital.* qui si parla italiano; *span.* aquí se habla español)
ces livres ne se vendent pas — *diese Bücher werden nicht gekauft*
(vgl. *ital.* questi libri non si vèndono; *span.* estos libros no se venden)

e) Die Frageform

Die Frageform wird gebildet, indem die Personalpronomen hinter die konjugierte Form des Verbs treten und mit dieser durch einen Bindestrich verbunden werden (Inversion):

vient-il ce soir? — *kommt er heute abend?*

Endet die 3. Person Einzahl des Zeitwortes auf Vokal, so wird vor die Pronomen il, elle und on ein **-t-** eingeschoben:

va-t-elle? — *geht sie?*
vous demande-t-il? — *fragt er Sie?*

Vor allem in der Umgangssprache sehr beliebt ist die Umschreibung der Frage mit der Wendung **est-ce que**, auf die die regelmäßige Wortstellung folgt:

est-elle heureuse? *oder*: est-ce qu'elle est heureuse?

Die Umschreibung mit **est-ce que** ist für die 1. Person Singular nahezu aller in der Frageform gebrauchten Verben obligatorisch. Es muß also heißen:

est-ce que je vends? *verkaufe ich?* est-ce que j'offre? *biete ich an?*
Lediglich bei einigen wenigen, in der Frageform gebrauchten Verben ist auch in der 1. Person Singular die Inversion üblich. So sagt man:

ai-je?	*habe ich?*	puis-je?	*kann ich?*	que vois-je?	*was sehe ich?*
suis-je?	*bin ich?*	dois-je?	*soll ich?*	que fais-je?	*was mache ich?*
sais-je?	*weiß ich?*	vais-je?	*gehe ich?*		

f) Die verneinte Form

Die verneinte Form des Verbs wird gebildet, indem die Negation **ne** vor die *konjugierte* Form des Zeitwortes, das Füllwort **pas** (oder andere wie plus, guère) dahinter tritt:

il **ne** vient **pas**	*er kommt nicht*
il **n'**est **pas** venu	*er ist nicht gekommen*

Bei der verneinten Frage tritt die Negation ne ebenfalls vor die *konjugierte* Form des Verbs, das Füllwort pas dagegen hinter das Personalpronomen:

ne vient-il **pas**?	*kommt er nicht?*
n'est-il **pas** venu?	*ist er nicht gekommen?*

2. Gebrauch der Formen des Verbs

a) Die Hilfsverben

Man unterscheidet Hilfsverben, die in Verbindung mit dem Hauptverb zur Bildung der zusammengesetzten Zeiten dienen, und solche, die eine bestimmte Einstellung des Sprechenden zum Ablauf der Handlung ausdrücken. Zur ersten Gruppe gehören **avoir** und **être,** zur zweiten **aller faire qch.** *etw. tun werden* od. *wollen*, **venir faire qch.** *kommen, um etw. zu tun*, **venir à faire qch.** *zufällig etw. tun*, **venir de faire qch.** *soeben etw. getan haben*, **être en train** (*od.* **sur le point**) **de faire qch.** *im Begriff sein, etw. zu tun*, **manquer de** (*od.* **faillir**) **faire qch.** *beinahe etw. tun.*

Mit **avoir** verbunden werden

a) alle transitiven und die meisten intransitiven Verben (il a vendu la maison *er hat das Haus verkauft*, nous avons hésité longtemps *wir haben lange gezögert*);

b) alle unpersönlich gebrauchten Verben (il a plu, neigé *es hat geregnet, geschneit*);

c) Verben, die zum Ausdruck einer Bewegungsart dienen, wie courir *laufen*, marcher *gehen, marschieren*, nager *schwimmen*, sauter *springen*, grimper *klettern* u.a. (nous avons nagé vingt minutes *wir sind zwanzig Minuten geschwommen*);

d) die Verben avoir und être selbst (j'ai été *ich bin gewesen*).

Mit **être** verbunden werden

a) alle reflexiven Verben (nous nous sommes étonnés *wir haben uns gewundert*);

b) alle Passivformen (elle fut condamnée *sie wurde verurteilt*);

c) einige intransitive Verben, die zum Ausdruck der Bewegung oder der

Ruhe dienen, wie aller *gehen*, venir *kommen*, rentrer, retourner, revenir *zurückkehren*, entrer *hineingehen*, sortir *hinausgehen*, arriver *ankommen*, partir *abreisen*, parvenir *gelangen*, rester, demeurer *bleiben*, tomber *fallen* (nous sommes arrivés ce soir *wir sind heute abend angekommen*);

d) einige intransitive Verben, die den Wechsel eines Zustandes ausdrücken, wie naître *geboren werden*, mourir *sterben*, devenir *werden* u.a. (il est mort hier *er ist gestern gestorben*).

Mit **avoir** *oder* **être** verbunden werden

a) Verben, die zum Ausdruck der Bewegung oder der Ruhe dienen, je nachdem sie transitiv oder intransitiv gebraucht werden (la couturière avait retourné le veston *die Schneiderin hatte die Jacke gewendet* [transitiv] — aber: elle est retournée il y a huit jours *sie ist vor acht Tagen zurückgekehrt* [intransitiv]);

b) Verben wie changer *sich ändern*, paraître *erscheinen*, disparaître *verschwinden*, je nachdem sie eine Tätigkeit oder einen Zustand ausdrücken (il avait disparu en un tournemain *er war im Handumdrehen verschwunden* [Tätigkeit] — aber: il était disparu plusieurs semaines *er war* [*blieb*] *mehrere Wochen verschwunden* [Zustand]).

Zu den Hilfsverben, die eine bestimmte Einstellung des Sprechenden zum Zeitverlauf der Handlung ausdrücken, gehören u.a. **aller** (je vais lui écrire un de ces jours *ich werde* [*will*] *ihm an einem der nächsten Tage schreiben*), **venir** (je viens vous mettre au courant de la mort de votre frère *ich komme, um Sie vom Tode Ihres Bruders in Kenntnis zu setzen*; si vous venez à le voir ... *falls Sie ihn zufällig sehen sollten* ...; il vient de recevoir une lettre *er hat soeben einen Brief erhalten*), **manquer de (faillir)** (le train a manqué de [a failli] dérailler *der Zug wäre beinahe entgleist*).

Unter **modalen Hilfsverben** (wie devoir *müssen, sollen*, pouvoir *können*, vouloir *wollen*) versteht man Verben, die das Verhältnis des Sprechenden zur Handlung ausdrücken (il doit [peut, veut] partir *er muß* od. *soll* [*kann, will*] *abreisen*).

b) Die unpersönlichen Verben

Sie dienen vornehmlich zur Bezeichnung von Witterungsvorgängen:

il pleut *es regnet*	il fait des éclairs *es blitzt*
il grêle *es hagelt*	il fait beau (mauvais) temps *es ist schönes* (*schlechtes*) *Wetter*
il neige *es schneit*	il fait froid (chaud) *es ist kalt* (*warm*)
il gèle *es friert*	il fait jour (nuit) *es ist Tag* (*Nacht*)
il dégèle *es taut*	
il tonne *es donnert*	

Besondere Beachtung verdienen die unpersönlichen Formen des Verbs **falloir**: il faut *es ist nötig, man muß*, il fallait, il fallut usw. Meist folgt ein Nebensatz mit que, weniger gebräuchlich ist die Infinitivkonstruktion: statt il me faut traduire cette lettre *ich muß diesen Brief übersetzen* sagt man besser: il faut que je traduise (Konjunktiv!) cette lettre.

Zuweilen erhalten persönliche Verben dadurch unpersönlichen Charakter, daß sie mit dem unpersönlichen Pronomen verbunden werden:

il **(grammatisches Subjekt)** me vient une idée **(logisches Subjekt)** *es kommt mir ein Gedanke*

Hierbei ist zu beachten, daß nach il, d.h. dem grammatischen Subjekt, das Verb stets im Singular folgt:

il s'**est** passé des choses importantes *es haben sich wichtige Dinge ereignet*

Oft entspricht eine persönliche Wendung im Französischen einer unpersönlichen im Deutschen:

je vais bien (mal)	*es geht mir gut (schlecht)*
je m'étonne	*es wundert mich*
je suis fâché	*es ärgert mich*
j'ai froid (chaud)	*mir ist kalt (warm)*
je réussis à faire qch.	*es gelingt mir, etwas zu tun*
je manque de qch.	*es fehlt mir an etwas*
on frappe	*es klopft*
on sonne	*es klingelt*

c) Die reflexiven Verben

Sie werden mit Hilfe der verbundenen Formen des Reflexivpronomens gebildet: je me rappelle *ich erinnere mich*, tu te rappelles *du erinnerst dich* usw. In den **zusammengesetzten** Zeiten wird **être** gebraucht, wobei sich das Partizip Perfekt nach dem **vorangehenden Akkusativobjekt** richtet:

il s'**est** levé *er hat sich erhoben* — elle s'**est** levée *sie hat sich erhoben*

aber: elle s'est procuré une copie *sie hat sich eine Abschrift verschafft* (da se in diesem Satz Dativ ist!).

Bezüglich der Stellung des Reflexivpronomens gilt das auf S. 46 zur Stellung des Personalpronomens Gesagte.

Im Französischen **nur reflexiv** gebraucht werden u.a. folgende Verben:

s'en aller *fortgehen*	s'écrier *(aus)rufen*
s'enfuir *fliehen*	s'écrouler *einstürzen*
s'envoler *davonfliegen*	se fier à q. *j-m vertrauen*
s'évader *entweichen*	se méfier de q. *j-m mißtrauen*
s'évanouir *ohnmächtig werden*	se repentir de qch. *etw. bereuen*

Im Französischen **nie reflexiv** gebraucht werden u.a. folgende Verben:

augmenter *sich vermehren*	prendre la liberté de *sich die Freiheit nehmen zu*
diminuer *sich verringern*	avoir honte *sich schämen*
changer *sich ändern*	bouger, remuer *sich rühren, sich bewegen*
différer *sich unterscheiden*	tourner *sich drehen*
séjourner *sich aufhalten*	redoubler *sich verdoppeln*

Reflexiv *können* u.a. folgende Verben gebraucht werden (wobei zu beachten ist, daß die reflexive Form meist einem intransitiven, die nicht reflexive Form dagegen einem transitiven Verb im Deutschen entspricht):

appeler *(herbei)rufen* — s'appeler *heißen*
arrêter *anhalten, verhaften* — s'arrêter *stehenbleiben*
coucher *zu Bett bringen* — se coucher *zu Bett gehen*
lever *(auf)heben* — se lever *aufstehen*

éteindre *auslöschen* — s'éteindre *erlöschen, ausgehen*
noyer *ertränken* — se noyer *ertrinken*
promener *spazierenführen* — se promener *spazierengehen*
réveiller *wecken* — se réveiller *aufwachen*
taire qch. *etw. verschweigen* — se taire *schweigen*

d) Die Zeiten

Gegenwart, Vergangenheit und Zukunft sind die eine Handlung oder ein Geschehnis ausdrückenden drei Grundzeiten.

Eine in der **Gegenwart** sich vollziehende Handlung wird durch die Formen des Präsens (*le présent*) wiedergegeben: il traduit (dans ce moment) le document *er übersetzt (in diesem Augenblick) die Urkunde.*

Zum Ausdruck einer in der **Vergangenheit** vollzogenen Handlung stehen der französischen Sprache fünf Zeitformen zur Verfügung:

das **Imperfekt**
das **historische Perfekt**
das **Perfekt**
das **Plusquamperfekt I**
das **Plusquamperfekt II**

Das **Imperfekt** bezeichnet die **Dauer** einer Handlung, beschreibt einen **Zustand,** gibt **Sitten** und **gewohnheitsmäßige** Handlungen an. Es antwortet auf die Frage: *Was war?*

Das **historische Perfekt** dient zur Bezeichnung **einmaliger, historisch abgeschlossener** Begebenheiten, **neueintretender** bzw. **aufeinanderfolgender** Handlungen. Es antwortet auf die Frage: *Was geschah?*

imparfait	passé simple
il **faisait** l'aumône *er pflegte Almosen zu geben*	Chopin **naquit** en Pologne *Chopin wurde in Polen geboren*
les pourparlers **duraient** deux jours *die Besprechungen dauerten zwei Tage*	elle **entra** dans la cuisine et **ouvrit** la fenêtre *sie ging in die Küche und öffnete das Fenster*
je **savais** qu'il était innocent *ich wußte, daß er unschuldig war*	hier je **sus** qu'il était innocent *gestern erfuhr ich, daß er unschuldig war*
il **était** encore très jeune, *er war noch sehr jung,*	quand son père **eut** un accident *als sein Vater verunglückte*

Mit Hilfe des **Perfekts** werden vollendete, abgeschlossene Handlungen sowie Vorgänge und Zustände der Vergangenheit ausgedrückt, die in ihren Auswirkungen bis an die Gegenwart heranreichen (daher häufig in Verbindung mit Zeitbestimmungen):
André Gide est mort en 1951 *André Gide ist 1951 gestorben*
il a écrit cette lettre ce jour *er hat diesen Brief heute geschrieben*

In der Umgangssprache sowie im Brief hat das Perfekt das historische Perfekt weitgehend verdrängt.
Plusquamperfekt I und **Plusquamperfekt II** unterscheiden sich, ihrem sprachlichen Charakter entsprechend, nahezu wie Imperfekt und historisches Perfekt. Demnach bezeichnet das Plusquamperfekt I vorwiegend den **Zustand,** das Plusquamperfekt II dagegen den **Vorgang** in der Vorzeitigkeit (meist nach Präpositionen wie lorsque, quand *als*, après que *nachdem*, aussitôt que *sobald als*):
il avait dîné *er hatte gespeist*
lorsqu'il eut dîné, il quitta le restaurant *als er gespeist hatte, verließ er das Restaurant*
Das **Futur I** bezeichnet ein von der Gegenwart aus gesehenes zukünftiges Geschehen. Während im Deutschen hierfür häufig das einfache Präsens gebraucht wird (*morgen fahre ich nach Paris*), wird im Französischen bei futurischem Sinn meist das Futur gebraucht (*demain je partirai pour Paris*). Es steht ferner in temporalen Nebensätzen nach lorsque und quand sowie in mit que eingeleiteten Nebensätzen nach Ausdrücken des Hoffens, Versprechens, Beschließens, Übereinkommens:
quand tu seras grand ... *wenn du groß bist ...*
j'espère qu'il viendra *ich hoffe, daß er kommt*
il est convenu que notre agent viendra vous voir demain *es ist vereinbart, daß unser Vertreter Sie morgen aufsucht*
Insbesondere die nahe Zukunft wird durch aller + Infinitiv bezeichnet (est-ce que tu vas partir maintenant? *fährst du jetzt ab?*).
Das **Futur II** bezeichnet eine Handlung, die bis zu einem zukünftigen Zeitpunkt abgeschlossen sein wird. Auch hierfür gebraucht das Deutsche häufig das einfache Präsens:
quand vous aurez fini, veuillez nous téléphoner *wenn Sie fertig sind, rufen Sie uns bitte an.*
Der **Konditional I** bezeichnet ein, von der Vergangenheit aus gesehen, zukünftiges Geschehen (je lui parlerais, si j'avais le temps *ich würde mit ihm sprechen, wenn ich Zeit hätte*).
Er steht ferner in Nebensätzen mit futurischem Sinn nach in der Vergangenheit gebrauchten Verben des Hauptsatzes (j'avais assuré plusieurs fois que je ne consentirais pas à votre projet *ich hatte wiederholt versichert, daß ich in Ihren Plan nicht einwilligen würde*).
Der **Konditional II** bezeichnet ein, von der Vergangenheit aus gesehen, abgeschlossenes zukünftiges Geschehen (je vous avais dit que je n'aurais pas traduit la lettre jusqu'à midi *ich hatte Ihnen doch gesagt, daß ich den Brief nicht bis zwölf Uhr übersetzt haben würde*).

e) Die Aussageweisen

Die französische Sprache unterscheidet zwei Aussageweisen: den Indikativ und den Konjunktiv.
Im **Indikativ** wird zum Ausdruck gebracht, was als Tatsache, als Wirklichkeit (Realität) anzusehen ist. Abweichend vom Deutschen steht der Indikativ im Französischen daher auch in der indirekten Rede, da der Sprechende von

der Wirklichkeit dessen, was er berichtet, überzeugt ist: il dit qu'il est malade *er sagt, daß er krank sei*; il écrivit qu'il était malade *er schrieb, daß er krank sei*; je lui demandai ce qu'il faisait *ich fragte ihn, was er tue*. Außerdem ist bei diesen Satzkonstruktionen auf die **Zeitenfolge** zu achten: steht im Hauptsatz das Verb im Präsens oder Futur, so muß es im Nebensatz ebenfalls im Präsens oder Futur stehen. Steht dagegen das Verb im Hauptsatz in einer Zeit der Vergangenheit, so muß auch das Verb im Nebensatz in einer Zeit der Vergangenheit stehen (elle affirme qu'elle est heureuse *sie behauptet, daß sie glücklich sei*; elle affirmait qu'elle était heureuse *sie behauptete, daß sie glücklich sei*). Von dieser Regel weicht jedoch die moderne Sprache in konjunktivischen Sätzen ab, um die Formen des Konjunktivs Imperfekt zu vermeiden (s. S. 39).
Im Gegensatz zum Indikativ bezeichnet der **Konjunktiv**, der — abgesehen von wenigen formelhaften Wendungen — nur in Nebensätzen gebraucht wird, die Nichtwirklichkeit (Irrealität), oder er ist Ausdruck von Willensäußerungen, worunter alles zu verstehen ist, was Wunsch, Absicht, Bitte, Aufforderung zum Ausdruck bringt, bzw. von persönlichen (subjektiven) Gefühlen und Meinungen wie Freude, Trauer, Verwunderung, Furcht usw. Der Konjunktiv drückt demnach aus, was dem Sprechenden wünschenswert, denkbar, möglich, zweifelhaft, ungewiß erscheint. Er gibt die persönliche Auffassung des Sprechenden, sein subjektives Urteil über die von ihm gemachte Mitteilung wieder.

In **Hauptsätzen** steht der Konjunktiv zum Ausdruck eines Wunsches, einer Bitte oder Aufforderung in einigen formelhaften Wendungen wie Vive la République! *Es lebe die Republik!* Sauve qui peut! *Rette sich, wer kann!* Plaise à Dieu ... *Wollte Gott* ..., zuweilen auch mit einleitendem que (qu'il vienne! *er möge kommen!*).

In **Nebensätzen** steht der Konjunktiv

1. nach der Konjunktion **que,** und zwar
a) nach Verben, die einen Wunsch oder eine Willensäußerung ausdrücken (nous désirons qu'il vienne *wir wünschen, daß er kommt*; je veux que tu me dises la vérité *ich will, daß du mir die Wahrheit sagst*);

b) nach Verben, die persönliche Gefühle wie Freude, Trauer, Verwunderung, Furcht ausdrücken (je suis charmé que tu sois venu *ich bin entzückt, daß du gekommen bist*; nous nous étonnons que vous soyez déjà parti *wir wundern uns, daß Sie schon abgereist sind*);
Nach *positiven* Ausdrücken des Fürchtens steht der Konjunktiv zuweilen mit zusätzlichem **ne**. Dem Satz je crains qu'il **ne** vienne *ich fürchte, daß er kommt* liegt die Vorstellung „*möge er nicht kommen, ich fürchte es*" zugrunde. Es kann aber ebenso korrekt heißen: je crains qu'il vienne.
Aber: je ne crains pas qu'il vienne *ich fürchte nicht, daß er kommt* — je crains qu'il ne vienne pas *ich fürchte, daß er nicht kommt* — je ne crains pas qu'il ne vienne pas *ich fürchte nicht, daß er nicht kommt*.

c) nach Verben des Sagens und Denkens, wenn sie durch Frage, Verneinung oder irreale Bedingung zu Ausdrücken der Ungewißheit werden (je ne crois

pas qu'il soit innocent *ich glaube nicht, daß er unschuldig ist*; croyez-vous qu'il ait raison? *glauben Sie, daß er recht hat?* si je savais qui'l eût raison ... *wenn ich wüßte, daß er recht hätte ...*);
Nach *negativen* Ausdrücken des Leugnens und Zweifelns steht der Konjunktiv oft mit zusätzlichem **ne**: je ne doute pas qu'il **ne** dise la vérité *ich zweifele nicht, daß er die Wahrheit sagt.* Aber: je doute qu'il dise la vérité *ich zweifele, daß er die Wahrheit sagt.*
d) nach unpersönlichen Ausdrücken, die verneinten Ausdrücken des Sagens und Denkens gleichkommen und somit an sich schon besagen, daß etwas zweifelhaft ist (il est possible qu'il nous reconnaisse *es ist möglich, daß er uns wiedererkennt*; il semble qu'il ait dit la vérité *es scheint, daß er die Wahrheit gesagt hat*).

2. nach anderen Konjunktionen wie afin que, pour que *damit*, jusqu'à ce que *bis*, de manière que, de (telle) sorte que, de façon que *so daß* (Konjunktiv der Willensäußerung), bien que, quoique *obwohl* (Konjunktiv der Einräumung), pourvu que, supposé que *vorausgesetzt, daß* (Konjunktiv der Annahme), sans que *ohne daß*, avant que *bevor* (Konjunktiv der Unwirklichkeit):
afin que tu puisses nous comprendre ... *damit du uns verstehen kannst ...*
attends ici jusqu'à ce que je sois de retour *warte hier, bis ich zurück bin*
agissez de manière que chacun soit content *handelt so, daß jeder zufrieden ist*
bien que je ne sache rien ... *obwohl ich nichts weiß ...*
supposé que vous soyez d'accord ... *vorausgesetzt, daß Sie einverstanden sind ...*
sans que tu le saches ... *ohne daß du es weißt ...*
avant que vous partiez ... *bevor Sie abfahren ...*

Im **Relativsatz** steht der Konjunktiv
1. wenn er einen Wunsch oder eine Forderung ausdrückt (nous cherchons un jeune homme qui sache faire la correspondance en français *wir suchen einen jungen Mann, der den Schriftwechsel auf französisch führen kann*);

2. wenn er von einem Ausdruck der Verneinung abhängt, der den Inhalt des Relativsatzes selbst verneint (il n'y a personne qui sache traduire ce texte *es gibt niemanden, der diesen Text übersetzen kann)*;

3. wenn er von einem Superlativ oder superlativähnlichen Ausdruck wie le premier *der erste*, le seul *der einzige* abhängt (c'est le plus beau tableau que je connaisse *dies ist das schönste Gemälde, das ich kenne*; il est le premier témoin qui ait vu l'accident *er ist der erste Zeuge, der den Unfall gesehen hat*).
Auch in konjunktivischen Sätzen sind die Regeln der **Zeitenfolge** (s. S. 38) zu beachten (il ne veut pas que je le fasse *er will nicht, daß ich es tue*). Jedoch ist darauf hinzuweisen, daß die Formen des Konjunktivs Imperfekt in der heutigen Umgangssprache sowie in zunehmendem Maße auch in der heutigen Schriftsprache gemieden werden. Statt: il n'a pas voulu que je le fisse *er wollte nicht, daß ich es täte* ist es heute gebräuchlicher zu sagen: il n'a pas voulu que je le fasse.

f) Der Infinitiv
Als substantivische Form des Verbs kann der Infinitiv mit Präpositionen verbunden werden und im Satz Subjekt, prädikative Ergänzung, Objekt,

Attribut und adverbiale Bestimmung sein. Einige Infinitive sind sogar zu Substantiven geworden (le déjeuner *das Mittagessen*, le souvenir *die Erinnerung*, le devoir *die Pflicht* u.a.).

Je nachdem der Infinitiv **ohne** oder **mit** Präposition gebraucht wird, spricht man vom *reinen* bzw. *präpositionalen* Infinitiv. Hierbei ist grundsätzlich festzustellen, daß Verben, die durch ein Substantiv **ohne** Präposition ergänzt werden, auch den Infinitiv **ohne** Präposition nach sich ziehen. Andererseits steht dieselbe Präposition, die vor einer substantivischen Ergänzung stehen würde, auch vor einem entsprechenden Infinitiv.

Als Objekt steht der **reine Infinitiv** durchweg nach vielen Verben, die auch ein Substantiv im Akkusativ nach sich ziehen. Er steht außerdem unabhängig als vorangehendes Subjekt (promettre et tenir sont deux *Versprechen und Halten ist zweierlei*) und als prädikative Ergänzung nach c'est *das heißt* (vouloir, c'est pouvoir *Wollen ist Können*).

Abhängig von Verben steht der reine Infinitiv

a) nach den **modalen Hilfsverben:** faire (*veran*)*lassen*, laisser (*zu*)*lassen*, savoir *wissen*, pouvoir *können*, vouloir *wollen*, devoir *müssen*, sembler, paraître *scheinen*, daigner *geruhen*, oser *wagen* (il n'a pas daigné se prononcer sur notre proposition *er hat nicht geruht, zu unserem Vorschlag Stellung zu nehmen*);

b) nach **Verben des Wünschens** wie: désirer *wünschen*, préférer *vorziehen*, aimer *gern tun*, aimer mieux *lieber mögen*, espérer *hoffen* (nous préférons partir sur-le-champ *wir ziehen es vor, auf der Stelle abzureisen*);

c) nach **Verben der sinnlichen Wahrnehmung** wie: entendre *hören*, écouter *zuhören*, voir *sehen*, regarder *ansehen*, sentir *fühlen* (je l'ai entendue chanter *ich habe sie singen hören*);

d) nach **Verben des Glaubens, Denkens und Meinens** wie: croire *glauben*, penser *denken*, se figurer, s'imaginer *sich vorstellen*, compter *gedenken, vorhaben* (je compte partir demain *ich gedenke, morgen abzureisen*);

e) nach **Verben des Sagens, Behauptens und Versicherns** wie: dire *sagen*, assurer, affirmer *versichern*, déclarer *erklären*, avouer *gestehen*, jurer *schwören*, prétendre *behaupten, vorgeben* (il déclare connaître le coupable *er erklärt, den Täter zu kennen*);

f) nach **Verben der Bewegung** wie: aller *gehen*, venir *kommen*, courir *laufen*, envoyer *schicken* (nous venons vous avertir de son projet *wir kommen, um Sie vor seinem Vorhaben zu warnen*);

g) nach **unpersönlichen Ausdrücken** wie: il faut *man muß*, il vaut mieux *es ist besser*, il semble *es scheint* (dans ce cas il vaut mieux se taire *in diesem Falle ist es besser zu schweigen*).

Als Präposition vor dem Infinitiv **(präpositionaler Infinitiv)** werden gebraucht: **à** bzw. **de** *zu*, **pour** bzw. **afin de** *um ... zu*, **sans** *ohne*.

Der **Infinitiv mit à** steht nach Verben, die die folgende substantivische Ergänzung ohnehin mit **à** anschließen würden:

Statt: nous renonçons **à une justification** *wir verzichten auf eine Rechtfertigung* könnte man auch sagen: nous renonçons **à nous justifier** *wir verzichten darauf, uns zu rechtfertigen.*

Zu diesen Verben gehören u.a.: accoutumer à, habituer à *gewöhnen*, s'apprêter à *sich anschicken*, aspirer à *streben*, s'attendre à *auf etw. gefaßt sein*, se borner à *sich beschränken*, consentir à *zustimmen*, contribuer à *dazu beitragen*, exhorter à *ermahnen*, inviter à *einladen*, se préparer à *sich vorbereiten*, renoncer à *verzichten*, se résigner à *sich damit abfinden*, songer à *beabsichtigen*.
Ebenso steht der Infinitiv mit à nach Verben und Adjektiven, die das Streben nach einem **Ziel** oder **Zweck** sowie **Bestimmung** oder **Eignung** ausdrücken.

Zu dieser Gruppe gehören u.a.

die Verben:

aider à *helfen*, apprendre à *lernen*, *lehren*, chercher à (*ver*)*suchen*, enseigner à *lehren*, s'entendre à *sich darauf verstehen*, hésiter à *zögern*, se mettre à *anfangen*, s'occuper à *daran arbeiten*, persister à *darauf beharren*, réussir à *gelingen*, servir à *dienen zu*, tarder à *zögern*, tenir à *Wert legen auf*

und *die Adjektive*:

facile à *leicht*, difficile à *schwer*, prompt à, prêt à *bereit* (cette lettre est facile à traduire *dieser Brief ist leicht zu übersetzen*; dagegen: il est facile de traduire cette lettre, s. u.).

Am häufigsten gebraucht wird der **Infinitiv mit de.** Er steht nach Verben, die auch ein nachfolgendes Substantiv mit **de** anschließen würden:
Statt: il rêve **du gros lot** *er träumt vom großen Los* könnte es auch heißen: il rêve **de gagner le gros lot** *er träumt davon, das große Los zu gewinnen.* Zu diesen Verben gehören u.a.: accuser de *anklagen*, s'agir de *sich handeln um*, s'étonner de *sich wundern*, s'excuser de *sich entschuldigen*, féliciter de *beglückwünschen*, menacer de (*an*)*drohen*, parler de *sprechen*, remercier de *danken*, se repentir de *bereuen*, rêver de *träumen*, se souvenir de *sich erinnern*, se vanter de *sich rühmen*.

Ebenso steht der Infinitiv mit de als Attribut nach **Substantiven** in Redewendungen wie: avoir peur, raison, envie de *Angst*, *recht*, *Lust haben*, faire le plaisir de *den Gefallen tun* sowie als Ergänzung nach **Adjektiven,** die persönliche Gefühle wie Freude, Verwunderung, Zuversicht ausdrücken (je suis heureux, fier, content, surpris, sûr de vous saluer chez moi *ich bin glücklich*, *stolz*, *zufrieden*, *überrascht*, *sicher*, *Sie bei mir begrüßen zu können*).

Als nachfolgendes Subjekt steht der Infinitiv mit de nach unpersönlichen Ausdrücken wie: il est facile, difficile de *es ist leicht*, *schwer*, il est (im)possible de *es ist* (*un*)*möglich*, il est interdit de *es ist untersagt* u.a. (il est facile de traduire cette lettre *es ist leicht*, *diesen Brief zu übersetzen*; dagegen: cette lettre est facile à traduire, s. o.).

Der Infinitiv mit de steht ferner nach einer Reihe von **transitiven** Verben, hinter denen man eine nachfolgende substantivische Ergänzung präpositionslos anschließen würde. Statt: il essaie lui-même **la réparation** de son téléviseur *er versucht selbst die Reparatur seines Fernsehapparates* sagt man häufiger rein verbal: il essaie lui-même **de réparer** son téléviseur.

Zu dieser Gruppe von Verben gehören u.a.: cesser de, finir de *aufhören*, *beenden*, craindre de *fürchten*, défendre de *verbieten*, dire de *sagen*, *befehlen*, essayer de *versuchen*, éviter de *vermeiden*, jurer de *schwören*, mériter de *verdienen*, offrir de *anbieten*, oublier de *vergessen*, permettre de *erlauben*, pro-

mettre de *versprechen*, proposer de *vorschlagen*, refuser de *sich weigern*, regretter de *bedauern*, risquer de *wagen*, tenter de *versuchen*.
Nach einigen Verben findet sich sowohl der Infinitiv mit **à** wie auch der mit **de**, ohne daß hiermit ein Bedeutungswandel verbunden wäre. Zu dieser Gruppe gehören: commencer *beginnen*, continuer *fortfahren*, s'efforcer *sich bemühen*; forcer, obliger, contraindre *zwingen*.
Je nachdem décider und résoudre *transitiv* oder *intransitiv* gebraucht werden, wechselt die Präposition:
transitiv mit **à**: je l'ai décidée (résolue) à dire la vérité *ich habe sie dazu bewogen, die Wahrheit zu sagen*
intransitiv mit **de**: nous avons décidé (résolu) de renoncer à notre projet *wir haben beschlossen, auf unser Vorhaben zu verzichten*
Werden décider und résoudre *reflexiv* gebraucht, so folgt der Infinitiv mit **à**: je me suis décidé (résolu) à partir demain *ich habe mich entschlossen, morgen abzureisen*. Dasselbe gilt für die passivisch gebrauchten Formen von décider und résoudre: être décidé (résolu) *entschlossen sein*: il est décidé (résolu) à risquer sa vie *er ist entschlossen, sein Leben einzusetzen*.
Bedeutungswandel erfolgt entsprechend der Wahl der Präposition u.a. bei den Verben penser und venir:

penser faire qch.	*etw. zu tun gedenken*
penser à faire qch.	*daran denken, etw. zu tun*
venir faire qch.	*kommen, um etw. zu tun*
venir à faire qch.	*zufällig etw. tun*
venir de faire qch.	*soeben etw. getan haben*

Außer à und de finden sich vor einem Infinitiv folgende Präpositionen:

afin de, pour *um ... zu* (je viens afin de vous avertir *ich komme, um Sie zu warnen*)

au lieu de *anstatt* (au lieu de travailler il alla se promener *anstatt zu arbeiten, ging er spazieren*)

sans *ohne* (il le dit sans sourciller *er sagte es, ohne mit der Wimper zu zucken*)

par nur in den Wendungen commencer (finir) par faire qch. *anfänglich* (*schließlich*) *etw. tun* (il finit par nous importuner *schließlich fiel er uns lästig*)

Ist der Träger der Handlung des Infinitivs der gleiche wie derjenige des Hauptsatzes, so zieht das Französische die Infinitivkonstruktion dem mit que eingeleiteten Nebensatz vor.

Statt: il faut que vous nous avertissiez avant que vous partiez (Konjunktiv!) *ihr müßt uns benachrichtigen, bevor ihr abreist* sagt man besser: il faut que vous nous avertissiez **avant de** partir. Voraussetzung hierfür aber ist Gleichheit des Subjekts in Haupt- und Nebensatz.

Ebenso: **après** avoir lu la lettre, il entra en fureur *nachdem er den Brief gelesen hatte, wurde er wütend* (statt: après qu'il avait lu la lettre ...).

g) Das Gerundium

Unter dem „gérondif", das mit dem lateinischen Gerundivum (epistula scribenda est *der Brief muß geschrieben werden*) nichts zu tun hat, versteht man im Französischen eine Verbindung des Partizips Präsens (ausgenommen avoir und être) mit der Präposition en: en travaillant *beim Arbeiten*. Im Gegensatz zum Partizip Präsens (s. u.) bezieht sich das Gerundium meist auf das Subjekt: nous avons rencontré votre sœur en passant par Bruxelles *wir haben Ihre Schwester getroffen, als wir durch Brüssel fuhren.*

Das Gerundium bezeichnet:

a) die **Gleichzeitigkeit zweier Handlungen,** zuweilen durch tout verstärkt (l'appétit vient en mangeant *der Appetit kommt beim Essen*; tout en travaillant elle fumait *sie rauchte bei der Arbeit*);

b) die **Art und Weise,** das **Mittel** (il le dit en souriant *er sagte es lächelnd*; en piochant on passe l'examen *durch Büffeln besteht man die Prüfung*);

c) die **Bedingung** (en vociférant vous n'atteindrez rien *wenn Sie schreien, werden Sie nichts erreichen*);

d) die **Einräumung** (tout en le contredisant, elle pensait qui'l avait raison *obwohl sie ihn widersprach, dachte sie, daß er recht hätte*).

h) Die Partizipien

Die französische Sprache unterscheidet zwei Partizipien: das Partizip Präsens und das Partizip Perfekt.

Das **Partizip Präsens** wird entweder als **Adjektiv** (*ohne Ergänzung*) gebraucht und verändert (des films parlants *Tonfilme*), oder es wird als **Verbform** (*mit Ergänzung*) aufgefaßt und bleibt unverändert (j'ai rencontré ma sœur sortant du métro *ich habe meine Schwester getroffen, die aus der U-Bahn kam*).

Es steht:

1. anstelle eines Relativsatzes (il m'a donné un livre décrivant l'après-guerre *er hat mir ein Buch gegeben, das die Nachkriegszeit beschreibt*);

2. zur Angabe des Grundes (ayant faim, il rentra à la maison *da er Hunger hatte, kehrte er nach Hause zurück*);

3. anstelle von mit Konjunktionen wie quand, lorsque, après que, bien que oder quoique eingeleiteten Nebensätzen (ayant dormi huit heures, il se leva *nachdem er acht Stunden geschlafen hatte, stand er auf*).

Abgesehen von den nicht sehr zahlreichen, der Umgangssprache jedoch durchaus geläufigen Verbaladjektiven (d.h. als Adjektive gebrauchte Partizipien des Präsens wie amusant *spaßig*, abondant *ausgiebig*, courant *fließend*, excitant *anregend*, fatigant *ermüdend* u. a.), ist das Partizip Präsens, als Verbform aufgefaßt, in der heutigen Sprache (mit Ausnahme der Literatur- und Behördensprache) seltener geworden. Es wird durch mit Konjunktionen eingeleitete Nebensätze ersetzt.

Das **Partizip Perfekt** hat die Bedeutung eines Adjektivs und richtet sich in Geschlecht und Zahl nach seinem Beziehungswort (des fonds déboursés *verauslagte Gelder*). Es wird zur Bildung der zusammengesetzen Zeiten verwendet, wofür bezüglich seiner Veränderlichkeit folgende Regeln gelten:

1. Das mit **être** verbundene Partizip richtet sich in Geschlecht und Zahl nach dem **Subjekt** des Satzes (les fenêtres sont ouvert**es**).

2. Das mit **avoir** verbundene Partizip bleibt **unverändert,** wenn das direkte Objekt folgt (nous avons acheté les machines *wir haben die Maschinen gekauft*). Geht dieses jedoch in Gestalt eines Personal- oder Relativpronomens

voran, so erfolgt eine entsprechende Veränderung des Partizips (nous **les** [*f*/*pl.*] avons achet**ées**; les machines **que** [*f*/*pl.*] nous avons achet**ées**).
3. Bezüglich der Veränderlichkeit des Partizips bei reflexiven Verben gilt das auf S. 35 Gesagte.

3. Rektion der Verben

Eine Reihe von Verben regiert im Französischen einen anderen Fall als im Deutschen. So steht abweichend vom Deutschen
der Genitiv u.a. nach folgenden Verben:

s'acquitter de qch.	*sich frei machen von*
s'agir de qch.	*sich handeln um, handeln von*
s'apercevoir de qch.	*etwas bemerken*
s'approcher de q. (qch.)	*sich j-m (einer Sache) nähern*
avoir besoin de qch.	*etwas nötig haben*
désespérer de qch.	*verzweifeln an*
se douter de qch.	*etwas ahnen, vermuten*
s'étonner de qch.	*sich wundern über*
féliciter q. de qch.	*j-n zu etwas beglückwünschen*
jouir de qch.	*etwas genießen*
se méfier de qch.	*sich hüten vor*
se méfier de q.	*j-m mißtrauen*
se moquer de q. (qch.)	*spotten über*
s'occuper de qch.	*sich beschäftigen mit*
se passer de qch.	*etwas entbehren*
se plaindre de q.	*sich beklagen über*
profiter de qch.	*etwas (aus)nutzen*
remercier q. de qch.	*j-m für etwas danken*
se repentir de qch.	*etwas bereuen*
rire de q. (qch.)	*über j-n (etwas) lachen*
se soucier de qch.	*sich (be)kümmern um*

der Dativ u.a. nach folgenden Verben:

s'attendre à qch.	*sich auf etwas gefaßt machen*
demander à q.	*j-n fragen, bitten*
s'intéresser à q. (qch.)	*sich für j-n (etwas) interessieren*
parler à q.	*j-n sprechen*
réfléchir à qch.	*nachdenken über*
renseigner qch. à q.	*j-n etwas lehren*
répondre à qch.	*antworten auf*
survivre à q.	*j-n überleben*

der Akkusativ u.a. nach folgenden Verben:

affronter q.	*j-m Trotz bieten*
aider q., assister q. seconder q., secourir q.	*j-m helfen*
applaudir q.	*j-m Beifall spenden*
conseiller q.	*j-m raten*
contredire q.	*j-m widersprechen*
craindre q. (qch.)	*sich vor j-m (einer Sache) fürchten*

croire q.	*j-m glauben*
écouter q.	*j-m zuhören*
féliciter q. de qch.	*j-n zu etwas beglückwünschen*
flatter q.	*j-m schmeicheln*
fuir q. (qch.)	*vor j-m (einer Sache) fliehen*
menacer q.	*j-m drohen*
précéder q.	*j-m vorangehen*
prévenir q.	*j-m zuvorkommen*
se rappeler q. (qch.)	*sich an j-n (etwas) erinnern*
remercier q. de qch.	*j-m für etwas danken*
rencontrer q.	*j-m begegnen*
servir q.	*j-m dienen*
suivre q.	*j-m folgen*

Einige Verben haben **verschiedene Bedeutung** je nach dem Fall, den sie regieren. Zu dieser Gruppe gehören u.a.:

assister q. *j-m helfen* (il l'a assistée dans son travail *er hat ihr bei ihrer Arbeit geholfen*)
à qch. *einer Sache beiwohnen, an ihr teilnehmen* (elle n'a pas assisté aux cours *sie hat am Unterricht nicht teilgenommen*)

changer qch. *etwas auswechseln, umgestalten* (il faut changer le wagon à Metz *man muß den Wagen in Metz auswechseln*)
de qch. *etwas wechseln, ändern* (il faut changer de train à Metz *man muß in Metz umsteigen*)

croire q. *j-m glauben* (je l'ai crue *ich habe ihr geglaubt*)
à q. *an j-n glauben* (crois-tu au croque-mitaine? *glaubst du etwa an den schwarzen Mann?*)
en q. *j-m glaubend vertrauen* (il croit en Dieu *er glaubt an Gott*)

demander q. *nach j-m fragen* (il l'a demandée *er hat nach ihr gefragt*)
à q. *j-n bitten, fragen* (je lui ai demandé *ich habe ihn [sie] gebeten, gefragt*)
qch. *etwas verlangen* (il demande une indemnité *er verlangt eine Entschädigung*)
qch. à q. *j-n um etwas bitten, nach etwas fragen* (il m'a demandé le journal *er hat mich um die Zeitung gebeten, mich nach der Zeitung gefragt*; il me l'a demandé *er hat mich um sie gebeten*)

jouer à un jeu *ein Spiel spielen* (ils jouaient aux cartes *sie spielten Karten*)
d'un instrument *ein Instrument spielen* (elle joue du piano *sie spielt Klavier*)

manquer qch. *etwas versäumen, verpassen* (j'avais manqué le train du matin *ich hatte den Frühzug versäumt*)
de qch. *fehlen an etwas* (la maison manque de ressources suffisantes *der Firma fehlt es an ausreichenden Mitteln*)
à qch. *verstoßen gegen etwas* (il a manqué aux convenances *er hat gegen den Anstand verstoßen*)

se mêler de qch. *sich in etwas einmischen* (nous ne nous mêlerons pas des

affaires d'autrui *wir werden uns nicht in die Angelegenheiten anderer einmischen*)
à qch. *sich unter etwas mischen* (les employés de la police criminelle se mêlèrent à la foule *die Kriminalbeamten mischten sich unter die Menge*)

répondre de q. *für j-n bürgen* (je répondrai d'elle *ich werde für sie bürgen*)
à q. *j-m antworten* (je répondrai à votre femme *ich werde Ihrer Frau antworten*)

servir q. *j-m dienen* (elle a servi notre famille plusieurs années *sie hat unserer Familie mehrere Jahre gedient*)
qch. *etwas servieren, auftragen* (le garçon sert l'entremets *der Kellner serviert das Zwischengericht*)
à qch. *zu etwas dienen* (savez-vous à quoi sert ce bouton? *wissen Sie, wozu dieser Knopf dient?*)
à q. de qch. *j-m als etwas dienen* (une table de verre me sert de sous-main *eine Glasplatte dient mir als Schreibunterlage*)

user qch. *etwas abnutzen* (cette lame de rasoir est fort usée *diese Rasierklinge ist stark abgenutzt*)
de qch. *etwas gebrauchen, anwenden* (n'usez pas de violence! *wenden Sie keine Gewalt an!*)

VI. Das Pronomen (Fürwort)

1. Die unbetonten Personalpronomen

Nominativ		Dativ		Akkusativ	
je	*ich*	**me**	*mir*	**me**	*mich*
tu	*du*	**te**	*dir*	**te**	*dich*
il	*er*	**lui**	*ihm*	**le**	*ihn, es*
elle	*sie*	**lui**	*ihr*	**la**	*sie*
		se	*sich*	**se**	*sich*
nous	*wir*	**nous**	*uns*	**nous**	*uns*
vous	*ihr, Sie*	**vous**	*euch, Ihnen*	**vous**	*euch, Sie*
ils	*sie*	**leur**	*ihnen*	**les**	*sie*
elles	*sie*	**leur**	*ihnen*	**les**	*sie*
		se	*sich*	**se**	*sich*

Die **Nominative** des schwachtonigen Personalpronomens stehen in der Aussage **vor,** in der Frage (mit Bindestrich angeschlossen) **hinter** dem Verb (il vient; vient-il?).

Die **Dative** und **Akkusative** treten unmittelbar **vor** das Verb, in zusammengesetzten Zeiten vor das Hilfsverb (je te donne; je t'ai donné) — ausgenommen der *bejahende* Imperativ, der die Nachstellung der starktonigen (betonten) Form des Personalpronomens verlangt (donnez-moi; aber: ne me donnez pas).

Treffen **Dativ und Akkusativ** der schwachtonigen Form vor dem Verb zusammen, so stehen die Dative **me, te, se, nous, vous** vor den Akkusativen **le, la, les,** die Akkusative **le, la, les** vor den Dativen **lui** und **leur,** die Dative **lui** und **leur** vor den Pronominaladverbien **y** *dort*(*hin*) und **en** *davon*:

Dativ		Akkusativ		Dativ		
me		**le**				
se	vor	**la**	vor	**lui**		
nous		**les**		**leur**	vor	**y** und **en**
vous						

Beispiele:

on **me le** raconte *man erzählt es mir*, on **me** l'a raconté *man hat es mir erzählt*
je **le lui** rends *ich gebe es ihm zurück*, je **le lui** ai rendu *ich habe es ihm zurückgegeben*
je **lui en** parlerai *ich werde mit ihm davon sprechen*

Ausgenommen der bejahende Imperativ: donnez-le-moi (Akkusativ vor Dativ!; aber: ne me le donnez pas).

Folgt auf das konjugierte Verb ein **Infinitiv,** so stehen die Pronomen (Dativ vor Akkusativ) vor dem Infinitiv (il va te le rendre *er wird es dir zurückgeben*). Handelt es sich dagegen beim konjugierten Verb um ein solches der sinnlichen Wahrnehmung (voir, entendre, regarder, sentir) oder des Zu- bzw. Veranlassens (laisser, faire), so treten die Pronomen vor das Verb (on la fit venir *man ließ sie kommen*).

Als unbetonte persönliche Fürwörter werden ferner auch die **Pronominaladverbien en** und **y** gebraucht.

Ursprünglich Ortsadverbien (en *von dort*, y *dort*[*hin*]), vertreten sie heute den Genitiv (je me souviens de vos paroles *ich erinnere mich an Ihre Worte*, je m'en souviens *ich erinnere mich daran*) bzw. Dativ (je renonce à ma part *ich verzichte auf meinen Anteil*, j'y renonce *ich verzichte darauf*).

en wird gebraucht

im **örtlichen** Sinn (je viens de Paris *ich komme aus Paris*, j'en viens *ich komme von dort*);

im **übertragenen** Sinn, vorwiegend auf Sachen bezogen (nous nous occuperons de votre affaire *wir werden uns mit Ihrer Angelegenheit befassen*, nous nous en occuperons *wir werden uns damit befassen*; est-ce que vous avez des journaux italiens? *haben Sie italienische Zeitungen?*, nous n'en avons pas *wir haben keine*).

y wird gebraucht

im **örtlichen** Sinn (il était dans la cave *er war im Keller*, il y était *er war dort*);

im **übertragenen** Sinn, ausschließlich auf Sachen bezogen (pensez-vous à votre promesse? *denken Sie an Ihr Versprechen?*, j'y penserai *ich werde daran denken*).

Die **Stellung** entspricht derjenigen der schwachtonigen Personalpronomen (nous en avons en magasin *wir haben davon auf Lager*, nous y renoncerons *wir werden darauf verzichten*).

2. Die betonten Personalpronomen

Singular		Plural	
moi	*ich*	**nous**	*wir*
toi	*du*	**vous**	*ihr*
lui	*er*	**eux**	*sie*
elle	*sie*	**elles**	*sie*

Die starktonige Form wird gebraucht:

1. alleinstehend (mon frère et moi *mein Bruder und ich*)

2. nach Präpositionen (sans moi *ohne mich*)

3. zur Hervorhebung der schwachtonigen Form (moi, je l'ai fait *ich habe es getan*)

4. zum Ausdruck des Besitzverhältnisses (c'est sa voiture à lui *es ist sein Wagen*)

5. als Dativ mit à, wenn vor dem Verb die Akkusative me, te, nous, vous, se stehen (il m'a présenté à elle *er hat mich ihr vorgestellt*)

6. nach c'est und vor aussi, même, seul (c'est elle qui l'a dit *sie hat es gesagt*; il viendra, lui aussi *er wird auch kommen*; nous l'avons affirmé, nous-mêmes *wir selbst haben es behauptet*; lui seul pourrait le faire *er allein würde es machen können*).
Merke: c'est moi, c'est toi, c'est lui, c'est elle, c'est nous, c'est vous, c'est eux, c'est elles.

7. nach den bejahenden Formen des Imperativs (donnez-moi *geben Sie mir*, donnez-le-moi [Akkusativ **vor** Dativ!] *geben Sie es mir*; dagegen: ne me le donnez pas *geben Sie es mir nicht*).

3. Die Reflexivpronomen

a) Die unbetonte Form

je me rappelle	*ich erinnere mich*	nous nous rappelons
tu te rappelles		vous vous rappelez
il / elle **se** rappelle		ils / elles **se** rappellent

Wie in der 1. und 2. Person Einzahl und Mehrzahl die schwachtonigen Formen des Personalpronomens Verwendung finden, so wird auch in der 3. Person Singular und Plural die schwachtonige Form **se** gebraucht.

b) Die betonte Form

on rentre chez **soi**	*man kehrt nach Hause zurück*

Die starktonige Form **soi** wird im allgemeinen mit Bezug auf ein **unbestimmtes Subjekt** gebraucht. Auf bestimmte Subjekte bezüglich werden **lui, elle, eux, elles** verwendet (il rentre chez lui *er geht nach Hause*, elle rentre chez elle, ils rentrent chez eux, elles rentrent chez elles).

4. Die Possessivpronomen

a) Die adjektivische Form

Singular		Plural	
männlich	weiblich	männlich	weiblich
mon frère	**ma** sœur	**mes** frères	**mes** sœurs
ton frère	**ta** sœur	**tes** frères	**tes** sœurs
son frère	**sa** sœur	**ses** frères	**ses** sœurs
sein, ihr	*seine, ihre*	*seine, ihre*	*seine, ihre*
notre frère	**notre** sœur	**nos** frères	**nos** sœurs
votre frère	**votre** sœur	**vos** frères	**vos** sœurs
euer, Ihr	*eure, Ihre*	*eure, Ihre*	*eure, Ihre*
leur frère	**leur** sœur	**leurs** frères	**leurs** sœurs
ihr	*ihre*	*ihre*	*ihre*

Die adjektivische Form des Possessivpronomens richtet sich in Geschlecht und Zahl nach dem Substantiv, vor dem sie steht. Demnach kann son livre sowohl *sein* wie *ihr Buch*, sa maison *sein* wie *ihr Haus* bedeuten. Die Pronomen **son, sa, ses** beziehen sich auf **einen** Besitzer, **leur, leurs** dagegen auf **mehrere** Besitzer (elle a perdu ses gants *sie hat ihre Handschuhe verloren*, elles ont perdu leurs gants *sie haben ihre Handschuhe verloren*).

Vor mit Vokal oder stummem h beginnenden weiblichen Substantiven und Adjektiven stehen die Formen mon, ton, son statt ma, ta, sa (mon amie *meine Freundin*).

Der **Anwendungsbereich** dieses Pronomens im Französischen deckt sich im allgemeinen mit dem in der deutschen Sprache üblichen. Eine Besonderheit liegt in der Anrede bei Verwandtschaftsgraden (oui, mon père *ja, Vater*) sowie bei militärischen Dienstgraden (oui, mon colonel *jawohl, Herr Oberst*) vor. Auch merke man sich folgende Gallizismen:

elle a donné de ses nouvelles *sie hat von sich hören lassen*
je suis à votre disposition (à vos ordres) *ich stehe Ihnen zur Verfügung* (*zu Diensten*)
je vais à sa rencontre *ich gehe ihm* (*ihr*) *entgegen*
c'est mon tour *ich bin an der Reihe*
elle l'aime de tout son cœur *sie liebt ihn von ganzem Herzen*
il est mon cadet (aîné) de deux ans *er ist zwei Jahre jünger* (*älter*) *als ich*
je viendrai à son secours *ich werde ihm zu Hilfe kommen*
il a fait de son mieux *er hat nach bestem Können gehandelt*
saluez monsieur votre frère de ma part *grüßen Sie Ihren Herrn Bruder von mir*
faire son plein d'essence *tanken*
battre son plein *in vollem Gange sein*

b) Die substantivische Form

Singular		Plural	
männlich	weiblich	männlich	weiblich
le mien	**la mienne**	**les miens**	**les miennes**
le tien	**la tienne**	**les tiens**	**les tiennes**
le sien	**la sienne**	**les siens**	**les siennes**
der seinige, ihrige	*die seinige, ihrige*	*die seinigen, ihrigen*	*die seinigen, ihrigen*
le nôtre	**la nôtre**	**les nôtres**	**les nôtres**
le vôtre	**la vôtre**	**les vôtres**	**les vôtres**
der eurige, Ihrige	*die eurige, Ihrige*	*die eurigen, Ihrigen*	*die eurigen, Ihrigen*
le leur	**la leur**	**les leurs**	**les leurs**

Die substantivische Form des Possessivpronomens richtet sich in Geschlecht und Zahl nach dem Substantiv, an dessen Stelle es steht (voici un stylo à bille, c'est le sien *hier ist ein Kugelschreiber, er gehört ihm* [*ihr*]).

Treten im Deutschen mehrere Possessivpronomen vor **ein** Substantiv, so steht im Französischen eines in **adjektivischer** Form vor dem Substantiv, während die anderen in substantivischer Form folgen (votre fortune et la nôtre *euer und unser Vermögen*).

5. Die Relativpronomen

Singular			Plural		
m+f	*m*	*f*	*m+f*	*m*	*f*
qui	**lequel**	**laquelle**	**qui**	**lesquels**	**lesquelles**
dont	**duquel**	**de laquelle**	**dont**	**desquels**	**desquelles**
à qui	**auquel**	**à laquelle**	**à qui**	**auxquels**	**auxquelles**
que	**lequel**	**laquelle**	**que**	**lesquels**	**lesquelles**

Das am häufigsten gebrauchte Relativpronomen ist **qui** *der, die, das,* das sich — wie sein Genitiv **dont** und sein Akkusativ **que** — auf Personen und auf Sachen bezieht und in Geschlecht und Zahl unveränderlich ist. Nach Präpositionen wird statt que **qui** verwendet, das sich auf **Personen** bezieht (de qui *von dem*, avec qui *mit dem*, pour qui *für den*, sans qui *ohne den*); mit Bezug auf **Sachen** sagt man **lequel** (la ville dans laquelle . . . *die Stadt, in welcher . . .*)

Besondere Beachtung verdient der Genitiv **dont,** der aus lat. de unde *von woher* (Adverb!) entstanden ist. Daraus erklärt sich auch, daß nach dont die regelmäßige Wortfolge (Subjekt-Prädikat-Objekt) erhalten geblieben ist (Molière dont les comédies sont fameuses *M., dessen Lustspiele berühmt sind*; le libraire dont je suis le client *der Buchhändler, dessen Kunde ich bin*;

le monsieur dont je connais le nom est malade *der Herr, dessen Namen ich kenne, ist krank*).

Das Zahl und Geschlecht unterscheidende Relativpronomen **lequel** steht

1. nach Präpositionen mit Bezug auf Sachen (les provinces dans lesquelles *die Provinzen, in welchen ...*);

2. nach parmi *unter* und entre *zwischen* mit Bezug auf Personen und Sachen (les touristes parmi lesquels ... *die Touristen, unter denen ...*; les parterres entre lesquels ... *die Beete, zwischen denen ...*);

3. wenn dem mit „dessen, deren" verbundenen Substantiv eine Präposition vorangeht (M. Bertaux avec l'associé duquel ... *Herr B., mit dessen Teilhaber ...*; la maison sur le toit de laquelle ... *das Haus, auf dessen Dach ...*);

4. zur Vermeidung von Unklarheiten (la femme de M. Bertaux laquelle viendra demain *die Frau des Herrn B., die morgen kommen wird* — „qui" wäre mehrdeutig, da es sich auch auf „M. Bertaux" beziehen könnte).

Als **neutrale Relativpronomen** werden gebraucht:

ce qui als Subjekt im Nominativ, **ce que** als Objekt im Akkusativ in der Bedeutung *das, was* und *was* (ce qui ne me plaît pas, c'est son arrogance *was mir nicht gefällt, ist seine Überheblichkeit*; nous savons ce que vous avez dit *wir wissen, was Sie gesagt haben*) sowie **quoi** (betonte Form zu que) nach Präpositionen mit Bezug auf Sachen (a-t-elle de quoi vivre? *hat sie genug zum Leben?*; il n'y a pas de quoi *keine Ursache!*).

Das beziehungslose Relativpronomen in der Bedeutung „wer" hat im Nominativ und Akkusativ die Form **qui** (qui vivra verra *wer leben wird, wird sehen*; invitez qui vous voudrez *laden Sie ein, wen Sie wollen*).

6. Die Interrogativpronomen

a) Die adjektivische Form

Singular		Plural	
männlich	weiblich	männlich	weiblich
quel? *welcher?*	**quelle?** *welche?*	**quels?**	**quelles?**
		welche?	

Die adjektivische Form des Interrogativpronomens richtet sich in Geschlecht und Zahl nach dem zugehörigen Substantiv (quelle heure est-il? *wie spät ist es?*; quels sont vos principes? *welches sind Ihre Grundsätze?*).

b) Die substantivische Form

Nach **Personen** fragt:

qui?	*wer?* oder **qui est-ce qui?**
de qui?	*wessen? von wem?* oder **de qui est-ce que?**
à qui?	*wem?* oder **à qui est-ce que?**
qui?	*wen?* oder **qui est-ce que?**

Beispiele: qui a dit cela? *wer hat das gesagt?*; à qui est-ce que tu as dit cela? *wem hast du das gesagt?*

Nach **Sachen** fragt:

qu'est-ce qui? *was?* **de quoi?** *wovon?* oder **de quoi est-ce que?** **à quoi?** *wozu? woran?* oder **à quoi est-ce que?** **que?** *was?* oder **qu'est-ce que?**

Beispiele: qu'est-ce qui est impossible? *was ist unmöglich?*; que fais-tu? *was machst du?*; qu'est-ce que je vous disais? *was habe ich Ihnen gesagt?*
Ebenfalls nach Sachen fragt die betonte Form **quoi?**, alleinstehend sowie nach Präpositionen (quoi? vous ne le connaissez pas? *was? Sie kennen ihn nicht?*; à quoi penses-tu? *woran denkst du?*)
Nach **Personen und Sachen** fragt aus einer begrenzten Anzahl **lequel?**, dessen Formen denen des Relativpronomens lequel (s. S. 50) entsprechen (lequel de ces messieurs est étranger? *welcher dieser Herren ist Ausländer?*; laquelle de ces deux propositions vous plaît? *welcher dieser beiden Vorschläge sagt Ihnen zu?*)

7. Die Demonstrativpronomen

a) Die adjektivische Form

Singular	Plural
m **ce** livre *dieses Buch* **cet** objet, habit [*vor Vokal und stummem h*] *f* **cette** maison, œuvre, heure	**ces** *m + f* { livres objets, habits maisons, œuvres, heures

Zur Unterscheidung von Näherem und Fernerem (dieser — jener) werden die Adverbien **ci** und **là** dem Substantiv durch Bindestrich angefügt (ces livres-ci *diese Bücher* — ces livres-là *jene Bücher*).

b) Die substantivische Form

Singular	Plural
m **celui** *derjenige* *f* **celle**	*m* **ceux** *diejenigen* *f* **celles**

celui wird nie alleinstehend gebraucht. Es tritt vor **Relativsätze** (celui qui l'a fait ... *derjenige, der es getan hat* ...) und vor **Genitive** (mon livre et celui de ma sœur *mein Buch und dasjenige meiner Schwester*).

celui-ci — **celui-là** *dieser* — *jener* werden wie Substantive gebraucht (celui-ci a répondu à notre lettre, celui-là n'a pas donné de ses nouvelles *dieser hat auf unser Schreiben geantwortet, jener hat nichts von sich hören lassen*).

ceci — **cela** *dies hier* — *das da*: **ceci** wird nur gebraucht, wenn die hinweisende Bedeutung besonders hervorgehoben werden soll (ceci est à moi, cela est à vous *dies gehört mir, das da Ihnen*) bzw. wenn auf Folgendes hingewiesen wird (j'ai entendu ceci ... *ich hörte folgendes* ...).

cela (umgangssprachlich ça) dagegen weist auf Vorangehendes hin (qu'elle ne parte pas pour l'Italie, conseillez-lui cela *sie soll nicht nach Italien fahren, raten Sie ihr das*) und steht als Subjekt vor transitiven Verben (cela nous inquiète *das beunruhigt uns*).

ce wird als Subjekt von être gebraucht (c'est une insolence *das ist eine Unverschämtheit*). Im Gegensatz zu **il** *es*, das auf Folgendes hinweist, bezieht sich **ce** auf Vorangehendes (il n'est pas juste d'exagérer comme ça *es ist nicht richtig, derart zu übertreiben*; il s'est trompé, c'est évident *er hat sich geirrt, das ist offensichtlich*). Ferner beachte man, daß vor **intransitiven** Verben als neutrales Subjekt il, vor **transitiven** Verben dagegen cela (s. o.) steht (il va sans dire que nous l'instruirons de l'incident *es ist selbstverständlich, daß wir ihn von dem Vorfall unterrichten werden*; cela me console *das tröstet mich*).

8. Die unbestimmten Pronomen

a) adjektivisch gebrauchte Formen

chaque *jeder, jeder einzelne* (chaque client *jeder einzelne Kunde*, chaque question *jede einzelne Frage*)

différent, e
divers, e } *verschieden* (différents livres *verschiedene Bücher*, diverses propositions *verschiedene Vorschläge*)

maint, e *mancher* (à maintes reprises *zu wiederholten Malen*)

plusieurs *mehrere* (plusieurs villes *mehrere Städte*)

quelque *irgendein* (quelque touriste *irgendein Reisender*, quelques touristes *einige Reisende*)

quelconque *irgendein beliebiger* (un projet quelconque *irgendein beliebiger Plan*)

b) substantivisch gebrauchte Formen

chacun, e *jeder, jeder einzelne* (chacun des douaniers *jeder der Zollbeamten*, chacune des questions *jede der Fragen*)

ne ... personne *niemand* (personne n'est venu *niemand ist gekommen*, je n'ai vu personne *ich habe niemanden gesehen*)

ne ... rien *nichts* (rien n'est réglé *nichts ist erledigt*; il ne sait rien *er weiß nichts*)

on (nach *si* häufig *l'on*) *man*, in der Umgangssprache oft anstelle von *nous* gebraucht (on refusera für nous refuserons *man wird ablehnen* im Sinne von *wir werden ablehnen*)

quelqu'un
quelqu'une } *jemand*
quelques-uns
quelques-unes } *einige*
(quelqu'un l'a vue *jemand hat sie gesehen*, quelques-uns étaient venus *einige waren gekommen*)

quelque chose *etwas* (nous savons quelque chose **de** nouveau *wir wissen etwas Neues*)

quiconque *wer auch (immer)* (quiconque a commis ce crime *wer auch dies Verbrechen begangen haben mag*)

qui que *wer auch (immer)* (qui que ce soit *wer es auch sei*)

quoi que *was auch (immer)* (quoi que vous fassiez *was Sie auch tun mögen*)

quel que *welcher auch* (*immer*) (quels que soient vos projets *welches auch Ihre Pläne sein mögen*)

l'un(e) l'autre *einander*, *gegenseitig* (ils se sont haïs l'un l'autre *sie haben sich gegenseitig gehaßt*)

l'un(e) et l'autre (*beide*) (l'un et l'autre ont affirmé *beide haben behauptet*)

c) adjektivisch und substantivisch gebrauchte Formen

aucun, e *keiner*, *nicht ein einziger* (aucun client n'est venu *kein Kunde ist gekommen*; je n'ai vu aucun client *ich habe keinen Kunden gesehen*; combien d'amis as-tu rencontrés? — Aucun. *Wie viele Freunde hast du getroffen? — Keinen.*)

autre *anderer*, *noch ein* (un autre restaurant *ein anderes, noch ein Restaurant*; d'autres restaurants *andere Restaurants*; d'autres sont venus *andere sind gekommen*; quelqu'un d'autre *jemand anders*); autre bleibt unübersetzt in der Wendung nous autres Français *wir Franzosen.*

certain, e *ein gewisser* (un certain sourire [Sagan] *ein gewisses Lächeln*; certains sont d'avis ... *gewisse Leute sind der Ansicht* ...)

même *selbst* (ce sont les mêmes propositions *es sind dieselben*, *die gleichen Vorschläge*; il reste toujours le même *er bleibt immer derselbe*; lui-même *er selbst*, elle-même *sie selbst*, eux-mêmes *sie selbst*, elles-mêmes *sie selbst*; même [Adverb!] les Français *sogar die Franzosen*)

tel, le *solcher*, *so ein* (une telle bêtise *so eine Dummheit*; des projets tels que ... *Pläne wie zum Beispiel*...; Monsieur un tel *Herr Soundso*)

tout, -e *jeder*, *ganz* **tous** (*m/pl.*), **toutes** (*f/pl.*) *alle*, *alles* (zum Ausdruck der Gesamtheit) (tout village *jedes Dorf*, toute ville *jede Stadt*; tout le village *das ganze Dorf*, toute la ville *die ganze Stadt*; tous les villages *alle Dörfer*, toutes les villes *alle Städte*; tout est prêt *alles ist bereit*; tous *m/pl.*, toutes *f/pl.* ont ri *alle haben gelacht*; elle était tout [Adverb!] épatée *sie war ganz sprachlos*, aber: elle était toute perplexe *sie war ganz verlegen*)

VII. Das Zahlwort

1. Die Grundzahlen

0 zéro
1 un, une
2 deux
3 trois
4 quatre
5 cinq
6 six
7 sept
8 huit
9 neuf
10 dix
11 onze
12 douze
13 treize
14 quatorze
15 quinze
16 seize
17 dix-sept
18 dix-huit
19 dix-neuf
20 vingt
21 vingt et un
22 vingt-deux
23 vingt-trois
24 vingt-quatre
30 trente
40 quarante
50 cinquante

60 soixante	**101** cent un	**2000** deux mille
70 soixante-dix	**200** deux cents	**100 000** cent mille
71 soixante et onze	**211** deux cent onze	le million *die Million*
80 quatre-vingts	**1000** mille	le milliard *die Milliarde*
81 quatre-vingt-un	**1001** mille un	le billion *die Billion*
90 quatre-vingt-dix	**1002** mille deux	le trillion *die Trillion*
91 quatre-vingt-onze	**1100** onze cents	
100 cent	**1308** treize cent huit	

Bemerkungen:

a) Zwischen Zehner und Einer ist ein Bindestrich zu setzen: cinquante-cinq 55 (*aber*: vingt et un, trente et un usw.).

b) In den Zahlwörtern cinq, six, huit und dix sind die Endkonsonanten vor Wörtern, die mit einem Konsonanten beginnen, stumm. Vor Wörtern, die mit einem Vokal beginnen, erfolgt dagegen Bindung.

c) Die Endkonsonanten der Zahlwörter sept und neuf werden stets gesprochen.

d) Vor den Zahlwörtern huit und onze wird weder gebunden noch apostrophiert.

e) Die Zahlwörter quatre-vingts, deux cents, trois cents usw. verlieren das -s, wenn noch eine weitere Zahl folgt (quatre-vingts personnes — *aber:* quatre-vingt-cinq personnes; deux cents personnes — *aber:* deux cent cinquante personnes).

f) **mille** erhält nie ein -s; in Jahreszahlen schreibt man neben mille auch **mil** (en mil neuf cent soixante).

g) **million** ist Substantiv (männlich!) und wird an ein folgendes Substantiv mit **de** angeschlossen (deux millions **de** personnes).

2. Die Ordnungszahlen

1er	le premier *der erste*	**15e**	quinzième
1re	la première *die erste*	**16e**	seizième
2e	le deuxième *der zweite*	**17e**	dix-septième
	la deuxième *die zweite*	**18e**	dix-huitième
	le second *der zweite*	**19e**	dix-neuvième
	la seconde *die zweite*	**20e**	vingtième
3e	le *od.* la troisième	**21e**	vingt et unième
4e	quatrième	**22e**	vingt-deuxième
5e	cinquième	**30e**	trentième
6e	sixième	**31e**	trente et unième
7e	septième	**40e**	quarantième
8e	huitième	**41e**	quarante et unième
9e	neuvième	**50e**	cinquantième
10e	dixième	**51e**	cinquante et unième
11e	onzième	**60e**	soixantième
12e	douzième	**61e**	soixante et unième
13e	treizième	**70e**	soixante-dixième
14e	quatorzième	**71e**	soixante et onzième

80^{e}	quatre-vingtième	**91**^{e}	quatre-vingt-onzième
81^{e}	quatre-vingt-unième	**100**^{e}	centième
90^{e}	quatre-vingt-dixième	**1000**^{e}	millième

Bemerkungen:

a) Mit Ausnahme von **le premier** und **le second** werden die Ordnungszahlen aus den Grundzahlen durch Anhängen der Silbe **-ième** gebildet (dix — le dix**ième**). Die auf ein stummes -e ausgehenden Grundzahlen stoßen das -e ab (quatre — le quatr**ième**), zu cinq bzw. neuf werden gebildet: cinquième bzw. neuvième.

b) Für **der (die) zweite** verwendet das Französische neben le (la) deuxième (in der Aufzählung) le second, la seconde. Dieses findet sich auch in feststehenden Ausdrücken wie le second Empire *das zweite Kaiserreich*, en secondes noces *in zweiter Ehe*.

c) Abgekürzt werden die Ordnungszahlen mit Hilfe einer Ziffer (ohne Punkt!) und eines hochgestellten e (le 2e = le deuxième). Die Abkürzung für **le premier** ist le 1er, für la première la 1re, für le second le 2nd, für la seconde la 2nde.

d) Man beachte, daß zur Angabe des **Datums** (außer dem Ersten eines Monats) sowie der Regenten gleichen Namens (außer dem Ersten, ohne Artikel!) die Grundzahl Verwendung findet (le premier mai, le deux mai, le trois mai; Napoléon Ier [premier], Napoléon III [trois]).

3. Die Bruchzahlen und Zeitangaben

$^{1}/_{2}$ un demi	$^{1}/_{5}$ un cinquième
$^{1}/_{3}$ un tiers	$^{1}/_{6}$ un sixième
$^{2}/_{3}$ deux tiers	$^{7}/_{8}$ sept huitièmes
$^{1}/_{4}$ un quart	$^{9}/_{10}$ neuf dixièmes
$^{3}/_{4}$ trois quarts	$1^{1}/_{2}$ kg un kilo et demi

Quelle heure est-il?

il est six heures *es ist 6 Uhr*
il est six heures cinq *es ist 5 Minuten nach 6*
il est six heures et quart *es ist Viertel nach 6*
il est six heures vingt-cinq *es ist 5 Minuten vor halb 7*
il est six heures et demie *es ist halb 7*
il est sept heures moins vingt-cinq *es ist 5 nach halb 7*
il est sept heures moins le quart *es ist Viertel vor 7*
il est sept heures moins dix *es ist 10 Minuten vor 7*
il est sept heures précises *es ist genau 7 Uhr*

Merke:

un quart d'heure *eine Viertelstunde*
une demi-heure *eine halbe Stunde*
trois quarts d'heure *eine dreiviertel Stunde*
une heure et quart *ein und eine Viertelstunde*
une heure et demie *eineinhalb Stunden*
midi *12 Uhr mittags*

minuit *12 Uhr nachts*
trois mois *$^{1}/_{4}$ Jahr*
six mois *$^{1}/_{2}$ Jahr*
neuf mois *$^{3}/_{4}$ Jahr*
quinze jours *14 Tage*
un mois *4 Wochen*

VIII. Wortstellung

1. Im Aussagesatz

Die im Französischen übliche und streng befolgte Wortfolge ist:

Subjekt — Prädikat — Objekt(e)

Da — wie bereits auf S. 10 angegeben — Nominativ und Akkusativ der Form nach gleich und lediglich an ihrer Stellung innerhalb des Satzes zu erkennen sind, steht das im Nominativ stehende Subjekt **vor,** das im Akkusativ stehende Objekt dagegen **hinter** dem Verb. Bei zwei Objekten steht das Akkusativobjekt vor dem Dativobjekt:

> Jean rend le journal à son frère
> *Hans gibt seinem Bruder die Zeitung zurück*

Wird jedoch das Akkusativobjekt durch einen Zusatz ergänzt, so tritt es hinter das Dativobjekt:

> Jean rend à son frère le journal qu'il lui avait prêté
> *Hans gibt seinem Bruder die Zeitung zurück, die er ihm geliehen hatte.*

Die Wortfolge **Subjekt — Prädikat — Objekt(e)** ist auch dann einzuhalten, wenn der Satz durch eine adverbiale Bestimmung eingeleitet wird (demain nous partirons *morgen werden wir abreisen*), ferner im Nebensatz (le voleur affirmait qu'il avait trouvé le bracelet *der Dieb behauptete, daß er das Armband gefunden hätte*) sowie nach dont (s. S. 50).
Soll das Akkusativobjekt besonders hervorgehoben werden, so tritt es an den Satzanfang und wird beim Verb durch das entsprechende Pronomen wiederholt:

> cette lettre, je ne l'ai jamais vue — **diesen** *Brief habe ich nie gesehen*

Zur Hervorhebung des Subjekts dient die Umschreibung mit **c'est . . . qui** (c'est mon frère qui est arrivé **mein Bruder** *ist angekommen*), zur Hervorhebung anderer Satzteile diejenige mit **c'est . . . que** (c'est à mon père que j'ai adressé cette lettre **an meinen Vater** *habe ich diesen Brief gerichtet*). Die als Objekt gebrauchten unbestimmten Pronomen **rien** *nichts* und **tout** *alles* stehen vor dem Infinitiv (je veux tout lire *ich will alles lesen*) bzw. dem Partizip (je n'ai rien dit *ich habe nichts gesagt*).
Unter gewissen Bedingungen kann das Subjekt **hinter** das Prädikat treten (Inversion). Dies ist der Fall in Sätzen, die in die direkte Rede eingeschoben werden (je ne viendrai pas, dit-il *ich werde nicht kommen, sagte er*), in Wunschsätzen (Vive la République! *Es lebe die Republik!*), in Ausrufesätzen (es-tu impoli! *bist du unhöflich!*) sowie in Sätzen, die von den Pronomen quel oder tel eingeleitet werden (quelle est votre maison? *welches ist Ihr Haus?*; telle fut ma proposition *das war mein Vorschlag*).
Inversion tritt auch nach einer Reihe von Adverbien ein, die einen Satz einleiten. Zu dieser Gruppe gehören **à peine . . . que** *kaum . . . als* (à peine

fut-elle arrivée qu'elle tomba malade *kaum war sie angekommen, als sie krank wurde*), **aussi** und **ainsi** in der Bedeutung *deshalb, daher* (aussi s'est-il retiré des affaires *deshalb hat er das Geschäft aufgegeben*), **du moins** *zumindest* (du moins est-il appelé à ... *zumindest ist er dazu berufen* ...), **encore** in der Bedeutung *indessen, allerdings* (il a passé l'examen; encore a-t-il pioché bien avant dans la nuit *er hat die Prüfung bestanden; allerdings hat er auch bis tief in die Nacht hinein gebüffelt*), **peut-être** *vielleicht* (peut-être a-t-elle prêté faux serment *vielleicht hat sie einen Meineid geleistet*), **sans doute** *ohne Zweifel* (sans doute verrons-nous des arbres et de l'eau *ohne Zweifel werden wir Bäume und Wasser sehen*). — Ist das Subjekt ein Substantiv oder ein Eigenname, so gelangt die absolute Fragestellung (s. unten) zur Anwendung (peut-être M. Durand a-t-il prêté faux serment *vielleicht hat Herr D. einen Meineid geleistet*).

2. Im Fragesatz

Folgende Konstruktionen sind möglich:
a) die Wortstellung des Aussagesatzes, wobei die Frage durch den Tonfall ausgedrückt wird (ton frère est content du traitement? *dein Bruder ist mit dem Gehalt zufrieden?*);
b) die einfache Fragestellung, wenn das Subjekt ein Pronomen ist (est-il content du traitement? *ist er mit dem Gehalt zufrieden?*);
c) die absolute Fragestellung, wenn das Subjekt ein Substantiv ist (ton frère est-il content du traitement? *ist dein Bruder mit dem Gehalt zufrieden?*);
d) die Umschreibung mit est-ce que (est-ce qu'il est content? *ist er zufrieden?*; est-ce que ton frère est content? *ist dein Bruder zufrieden?*).

Im einzelnen wäre folgendes zu bemerken:
Die einfache Fragestellung gelangt zur Anwendung, wenn das Subjekt ein Personalpronomen ist (a-t-il déjà répondu? *hat er schon geantwortet?*), wenn das Subjekt durch die Pronomen ce *dies, das* oder on *man* ausgedrückt wird (est-ce juste? *ist das richtig?*; lui a-t-on demandé? *hat man ihn gefragt?*), wenn Fragewörter wie quand? *wann?*, où? *wo?*, que? *was?*, quel? *welcher?* den Fragesatz einleiten (quand arrive le train? *wann kommt der Zug an?*; où est Jean? *wo ist Hans?*; que veut Jean? *was will Hans?*; quelle est sa profession? *welches ist sein Beruf?*).

Die absolute Fragestellung gelangt zur Anwendung, wenn das Subjekt ein Substantiv ist und der Satz nicht durch ein Fragewort eingeleitet wird. Das Subjekt bleibt am Satzanfang und wird durch das entsprechende Personalpronomen, das hinter das Verb tritt, wiederholt (ton frère vient-il aujourd'hui? *kommt dein Bruder heute?*). Die absolute Fragestellung ist ferner erforderlich, wenn der Fragesatz durch qui? *wen?* oder pourquoi? *warum?* eingeleitet wird (qui Madame Dupont veut-elle inviter? *wen will Frau D. einladen?*; pourquoi ce document ne fut-il pas traduit? *warum wurde diese Urkunde nicht übersetzt?*).
Die absolute Fragestellung gehört fast ausschließlich der Schriftsprache an. In der Umgangssprache wird sie weitgehend durch die **Umschreibung mit est-ce que** ersetzt. Statt: ton frère vient-il aujourd'hui? hört man viel häufiger: est-ce que ton frère vient aujourd'hui?

IX. Präpositionen

Alle französischen Präpositionen regieren den Akkusativ. Die gebräuchlichsten sind:

à

räumlich in der Bedeutung *nach, in, auf, bei*:
aller à Paris *nach Paris fahren*
être à Paris *in Paris sein*
être à la campagne, à la gare, à la terrasse, au travail *auf dem Lande, dem Bahnhof, der Terrasse, bei der Arbeit sein*
les Autrichiens furent battus à Austerlitz *die Österreicher wurden bei Austerlitz geschlagen*
zeitlich in der Bedeutung *in, um, zu, bei, bis*:
au printemps *im Frühling* (aber: en été, en automne, en hiver)
à huit heures *um acht Uhr*
à Pâques *zu Ostern*
à son arrivée *bei seiner Ankunft*
de 1945 à 1950 *von 1945 bis 1950*
übertragen in der Bedeutung *mit, nach, für*:
à bras ouverts *mit offenen Armen*
à votre aise *nach Ihrem Belieben*
pas à pas *Schritt für Schritt*

à cause de *wegen* (à cause de la chaleur *wegen der Hitze*)

à côté de *neben* (à côté de ma sœur *neben meiner Schwester*)

à défaut de *mangels* (à défaut de preuve *mangels Beweises*)

à partir de *ab, von ... an* (à partir de ce jour *ab heute*)

après *nach*: räumlich (après la chambre à coucher vous entrez dans la salle de bains *nach dem Schlafzimmer kommen Sie in das Badezimmer*) und zeitlich (après sept heures *nach sieben Uhr*)

à travers *quer durch* (à travers le désert *quer durch die Wüste*)

au-delà de *jenseits* (au-delà des frontières *jenseits der Grenzen*)

au-dessous de *unter(halb)* (au-dessous de zéro *unter Null*)

au-dessus de *oberhalb, über* (au-dessus de la mer *über dem Meeresspiegel*)

au lieu de *anstatt* (au lieu de la conférence *anstatt des Vortrages*)

au milieu de *inmitten* (au milieu de la foule *inmitten der Menge*)

auprès de (*dicht*) *bei* (auprès de la gare *beim Bahnhof*, auprès de son frère *bei seinem Bruder*)

autour de *um ... herum* (autour de la table *um den Tisch herum*)

avant

zeitlich in der Bedeutung *vor*:
il est venu avant sept heures *er ist vor sieben Uhr gekommen.*
„vor“ ist jedoch mit **il y a** zu übersetzen, wenn es sich um die Bezeichnung eines **verflossenen** Zeitpunktes handelt, der von der **Gegenwart** aus gesehen wird: je l'ai vue il y a dix jours *ich habe sie vor zehn Tagen gesehen* (aber: je ne la verrai pas avant dix jours *ich werde sie nicht vor zehn Tagen sehen*)

übertragen zur Bezeichnung der Reihenfolge:
où est la mairie? C'est le dernier édifice avant les jardins *wo ist das Rathaus? — Es ist das letzte Gebäude vor den Anlagen*

avec *mit* (couper avec un couteau *mit einem Messer schneiden*)

chez aus lat. casa *Haus* entstanden, kommt chez nur bei Personen in der Bedeutung *bei, von, zu* vor:
il est chez le dentiste *er ist beim Zahnarzt*
il vient de chez le dentiste *er kommt vom Zahnarzt*
il va chez le dentiste *er geht zum Zahnarzt*
chez lui (elle) *bei ihm (ihr) zu Hause*
chez Molière *bei Molière*

contre *gegen, wider* (contre le mur *gegen die Wand*, contre le bon sens *gegen den gesunden Menschenverstand*)

dans
räumlich in der Bedeutung *in, auf*:
être dans la cuisine *in der Küche sein*
entrer dans la cuisine *in die Küche gehen*
dans la rue *auf der Straße*
zeitlich in der Bedeutung *in, innerhalb von, nach Ablauf von*: je me présenterai dans le courant du mois *ich werde mich im Laufe des Monats melden*; il a promis d'être de retour dans trois jours *er hat versprochen, in drei Tagen zurück zu sein*
übertragen in der Bedeutung *in, aus*:
être dans un grand danger *in großer Gefahr sein*
boire dans un verre *aus einem Glas trinken*
prendre qch. dans le tiroir *etwas aus dem Schubfach nehmen*
aller chercher qch. dans la chambre *etwas aus dem Zimmer holen*

d'après *nach, gemäß* (d'après les prescriptions de la loi *nach den Bestimmungen des Gesetzes*)

de
räumlich in der Bedeutung *von, aus, bei*:
il vient d'arriver de la foire d'automne *er ist gerade von der Herbstmesse gekommen*
je viens de Paris *ich komme aus Paris*
la bataille de Leipzig *die Schlacht bei Leipzig*
zeitlich in der Bedeutung *bei, zu, in, von*:
de jour et de nuit *bei Tag und bei Nacht*
de mon temps *zu meiner Zeit*
de nos jours *in unseren Tagen*
de lundi à vendredi *von Montag bis Freitag*
übertragen in der Bedeutung *von, auf, mit, vor*:
aimer de tout son cœur *von ganzem Herzen lieben*
de cette manière *auf diese Weise*
être fier de qch. *auf etwas stolz sein*
manger de bon appétit *mit gutem Appetit essen*
trembler de peur *vor Angst zittern*

depuis *seit* (depuis le premier mai *seit dem ersten Mai*)

derrière *hinter* (derrière le mur *hinter der Mauer*)
dès *seit, von ... an* (dès demain *von morgen an*)
devant *vor* (devant la porte *vor der Tür*)
en

räumlich in der Bedeutung *in* (Substantiv *ohne* Artikel!):
en France *in Frankreich*
en ville — en province *in der Stadt — in der Provinz*
en route *unterwegs*
zeitlich in der Bedeutung *in, innerhalb von*:
en été, automne *im Sommer, Herbst*
en dix jours *in zehn Tagen*
übertragen in der Bedeutung *in, an, bei*:
en toute hâte *in aller Eile*
en secret *im geheimen*
en vie *am Leben*
en plein jour *am hellen Tage*
en musique *bei Musik*

en dépit de *trotz* (en dépit de nos scrupules *trotz unserer Bedenken*)
en face de *gegenüber* (en face de l'église *gegenüber der Kirche*)
entre *zwischen, unter* [zweien oder mehreren derselben Gemeinschaft, die miteinander in Verbindung stehen]:
des pourparlers entre les deux ministres *Besprechungen zwischen den beiden Ministern*
c'est l'usage entre nous *das ist unter uns so üblich*
envers *gegen* [zum Ausdruck der moralischen Haltung]: être poli, grossier, ingrat envers q. *gegen jemanden höflich, grob, undankbar sein*
excepté *außer* [ausschließend] (tous avaient comparu, excepté la prévenue *alle waren erschienen außer der Angeklagten*)
faute de *mangels, in Ermangelung* (faute de mieux *in Ermangelung eines Besseren*)
grâce à *dank* (grâce à votre bienveillance *dank Ihrem Entgegenkommen*)
hors de *außer(halb)* (hors de la ville *außerhalb der Stadt*; übertragen in: être hors de danger *außer Gefahr sein*)
jusque *bis* (jusqu'à l'aéroport *bis zum Flughafen*; zeitlich in: jusqu'à trois heures *bis drei Uhr*)
le long de *längs, am ... entlang* (une promenade le long du lac *ein Spaziergang am See entlang*)
malgré *trotz* (malgré tous les efforts *trotz aller Bemühungen*)
outre *außer* [einschließend] (outre ses romans, Victor Hugo a composé quelques drames *außer seinen Romanen hat Victor Hugo einige Dramen geschrieben*)
par

räumlich in der Bedeutung *durch, über*:
nous allons passer par Lille *wir werden über Lille fahren*
zeitlich in der Bedeutung *in, an, bei*:
par une belle nuit d'été *in einer schönen Sommernacht*

par un beau jour de printemps *an einem schönen Frühlingstag*
par le temps qu'il fait *bei diesem Wetter*
übertragen in der Bedeutung *aus, mit*:
regarder par la fenêtre *aus dem Fenster schauen*
aller par le métro *mit der Metro fahren*
par le même courrier *mit gleicher Post*

parmi (*mitten*) *unter, zwischen* [mehreren, ohne Verbindung miteinander]:
nous l'avons trouvé parmi les blessés *wir haben ihn unter den Verletzten gefunden*
parmi eux il y a beaucoup d'étrangers *unter ihnen sind viele Ausländer*

pendant *während* (pendant les vacances *während der Ferien*)

pour
räumlich in der Bedeutung *nach*:
partir pour Paris *nach Paris abreisen*
s'embarquer pour l'Australie *sich nach Australien einschiffen*
les touristes pour Nice *die Reisenden nach Nizza*
übertragen in der Bedeutung *für, wegen, aus*:
un film pour enfants *ein Film für Kinder*
nous l'estimons pour sa sincérité *wir schätzen ihn wegen seiner Aufrichtigkeit;* pour quelle raison *aus welchem Grund*

près de *nahe bei* (près de l'Opéra *nahe bei der Oper*)

quant à *was ... betrifft* (quant aux prix *was die Preise betrifft*)

sans *ohne* (sans aucune raison *ohne irgendeinen Grund*)

sauf *außer* [ausschließend] (il a tout acheté, sauf les outils *er hat alles gekauft außer den Werkzeugen*)

selon *entsprechend, gemäß* (selon les lois *entsprechend den Gesetzen*)

sous *unter* (sous les arbres *unter den Bäumen*)

suivant *gemäß, nach* (suivant les règles *nach den Regeln*)

sur
räumlich in der Bedeutung *auf, über, an*:
mettre qch. sur la table *etwas auf den Tisch legen*
sur les toits de Paris *über den Dächern von Paris*
Vienne est située sur le Danube *Wien liegt an der Donau*
la maison est située sur la route *das Haus liegt an der Straße*
la chambre donne sur la cour *das Zimmer liegt nach dem Hof*
übertragen in Redewendungen wie:
juger sur l'apparence *nach dem Äußeren urteilen*
retenir sur le traitement *vom Gehalt abziehen*
être sur le départ *im Begriff sein abzureisen*
sur toutes choses *vor allem*
se venger sur quelqu'un *sich an jemandem rächen*

vers
räumlich in der Bedeutung *gegen, nach* zur Bezeichnung der Richtung:
il se tourna vers elle *er wandte sich ihr zu*
vers l'ouest *gegen West, westwärts*
zeitlich in der Bedeutung *gegen*: vers les six heures *gegen sechs Uhr*

Sachregister

(Die Zahlen beziehen sich auf die Seiten)